LE THÉATRE

ET

LA PHILOSOPHIE

AU XVIIIe SIÈCLE

Thèse présentée à la Faculté des Lettres de Paris

PAR

LÉON FONTAINE

Ancien élève de l'Ecole Normale Supérieure

VERSAILLES
IMPRIMERIE CERF ET FILS
59, RUE DUPLESSIS, 59

1878

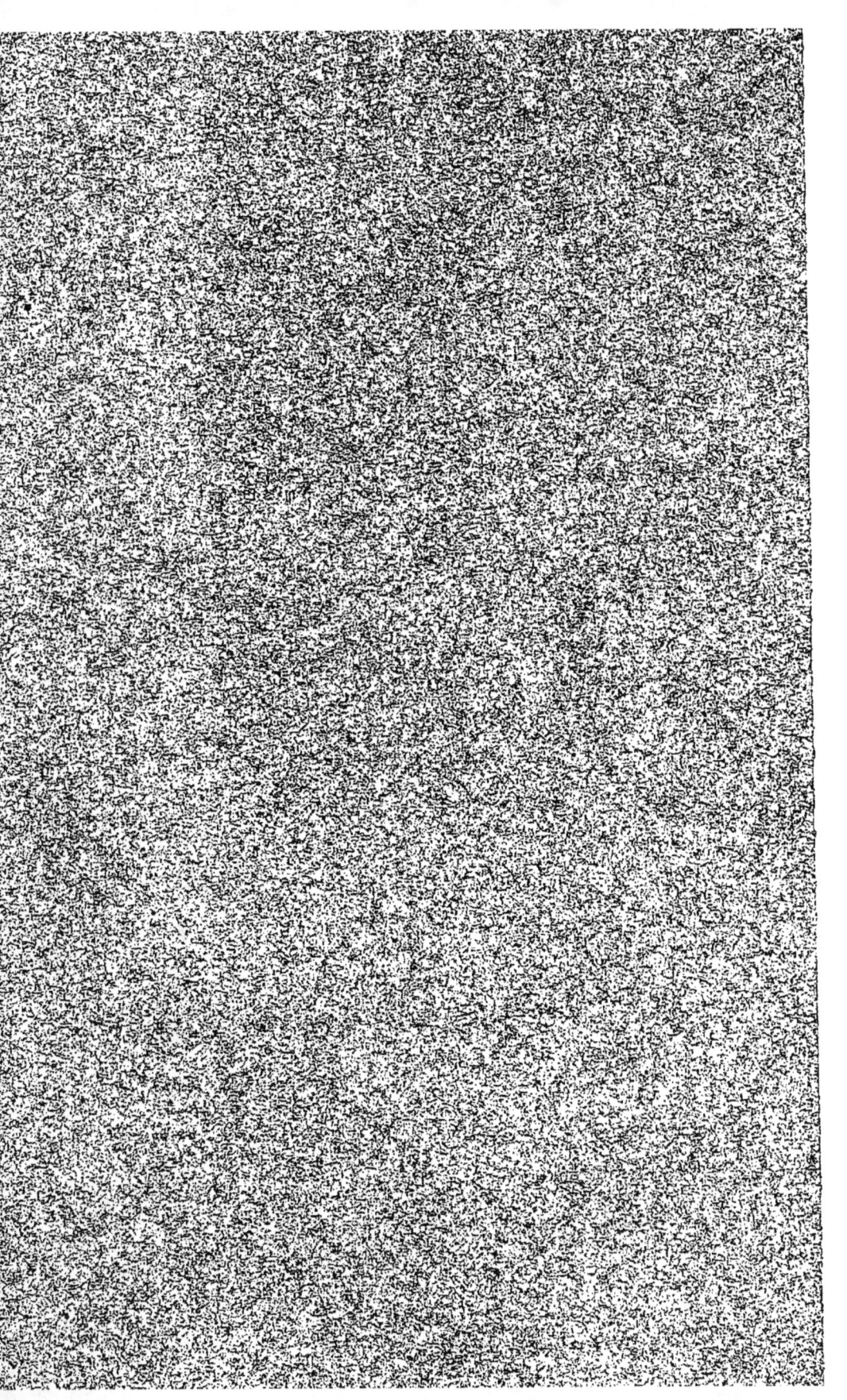

LE THÉATRE

ET

LA PHILOSOPHIE

AU XVIIIᵉ SIÈCLE

LE THÉATRE
ET
LA PHILOSOPHIE
AU XVIIIᵉ SIÈCLE

Thèse présentée à la Faculté des Lettres de Paris

PAR

Léon FONTAINE

Ancien élève de l'Ecole Normale Supérieure

VERSAILLES
IMPRIMERIE ET STÉRÉOTYPIE DE CERF ET FILS
59, RUE DUPLESSIS, 59

1878

LE
THÉATRE ET LA PHILOSOPHIE
AU XVIIIe SIÈCLE

INTRODUCTION

La philosophie exerça sur les destinées de la France, au XVIIIe siècle, une influence peut-être unique dans l'histoire. Elle pénétra profondément les esprits, transforma les mœurs, enseigna de nouveaux principes de gouvernement, et contribua pour une part considérable à préparer le plus grand événement des temps modernes. Jamais écrits ne reçurent une sanction plus prompte, plus formidable que ceux des philosophes, dont les plus illustres venaient à peine de mourir, lorsqu'éclata la Révolution qu'ils avaient appelée de tous leurs vœux.

Le sensualisme, seul en faveur à cette époque, succédait à l'école cartésienne, qui, sans jamais obtenir des esprits une soumission aussi générale, aussi absolue, avait pourtant dominé le XVIIe siècle, et marqué de son empreinte la plupart de nos grands écrivains classiques. A peine Newton avait-il démontré les lois de l'attraction, et porté un premier coup à l'édifice cartésien, dont il ruinait une partie, que Locke était venu à son tour réfuter la doctrine des idées innées. Toutes nos connaissances, disait-il après Hobbes et tant d'autres, nous sont fournies par les sens.

Parmi les disciples français de Locke, les uns, comme Condillac, continuèrent à se renfermer dans le domaine de la métaphysique ; les autres, plus nombreux, au lieu de chercher de nouvelles et ingénieuses démonstrations d'un principe qu'ils déclaraient incontestable, s'appliquèrent à en déduire les conséquences. Ils sortirent de la spéculation pacifique, de la théorie pure. Examinant autour d'eux les mœurs, les institutions, les lois, ils voulurent comparer, discuter, détruire les préjugés et les abus, enfin reconstruire la société sur un plan nouveau tracé par la philosophie.

« En France, dit Mme de Staël, on ne s'est presque jamais occupé des vérités abstraites que dans leur rapport avec la pratique. » Cette tendance aux réformes fut en effet la marque distinctive, originale de notre école sensualiste.

Locke n'avait point passé pour incrédule. Il avait, comme Descartes, prudemment élevé entre la métaphysique et la religion une barrière que son disciple Hume, et tous les philosophes français, se hâtèrent de franchir. L'incrédulité fut pour eux la première et inévitable conséquence du principe sensualiste. Non que celui-ci, comme le crurent d'Holbach et Helvétius, conduise par une déduction nécessaire à l'athéisme ; mais il exclut la révélation, et bien que la théorie des sensations permît à la plupart des philosophes de donner une preuve de l'existence de Dieu, elle ne leur fournissait même pas toujours des arguments suffisants pour démontrer avec certitude la spiritualité et l'immortalité de l'âme. Cette religion dont ils nient l'origine miraculeuse et l'infaillibilité dogmatique ne peut prétendre à l'empire du monde. Tout homme, disent-ils, est libre d'interpréter à son gré les notions premières que nous procurent les sens, pour résoudre comme il lui plaît les grands problèmes de notre destinée. Chaque fois qu'ils voient autour d'eux ou dans l'histoire une église armer le bras séculier pour la défense de ses intérêts ou de ses croyances, ils maudissent la superstition humaine; les guerres de religion leur paraissent les plus cruelles de toutes.

Si le principe sensualiste a pour conséquence naturelle la liberté religieuse, il ne semble pas, à première vue, devoir nécessairement aboutir à la liberté politique. Un des compatriotes et des précurseurs de Locke avait même affirmé que la société civile est soumise au despotisme, comme l'âme humaine à la fatalité. Mais au lieu de conclure avec Hobbes à l'extrême servitude, les philosophes français firent sortir de la même cause un résultat tout opposé. Ils avaient vu dans l'histoire, ils voyaient encore à l'heure présente, le trône et l'autel toujours alliés. Souvent la royauté avait mis sa force au service de la religion ; ils voulurent la punir de cette complaisance. D'ailleurs, s'ils refusaient de s'incliner devant les dogmes religieux, pouvaient-ils adhérer à cet autre dogme, le droit divin, qui consacrait l'union des deux pouvoirs ? Cette croyance une fois écartée, que restait-il pour expliquer la naissance et les progrès de l'autorité monarchique ? l'élection, la force ou le hasard. La philosophie devait donc, en attendant qu'elle posât comme base incontestable de la société et du pouvoir civil la souveraineté nationale, le *contrat social*, rappeler aux rois leur origine, et leur enseigner que, n'étant pas institués par Dieu même, ils ont envers les hommes des devoirs qu'il est criminel d'oublier.

Dès le début du siècle, les Français, même les moins philosophes, fatigués du long règne de Louis XIV, désabusés par les guerres désastreuses, avaient cessé de célébrer les bienfaits et l'excellence de la monarchie absolue. La Régence rompait brusquement avec les traditions et les hommes du dernier règne ; mais elle devait signaler le mal sans le guérir. La décadence était visible ; les esprits clairvoyants annonçaient déjà la chute inévitable ou la transformation de la royauté. Celle-ci semblait ne pas apercevoir l'abîme. Plus l'opinion publique se montrait sévère, plus on prenait plaisir à la braver par de criants abus, sans trouver, comme autrefois, dans l'éclat et la grandeur une certaine excuse.

Une science nouvelle venait de naître. Les économistes s'efforçaient de découvrir les véritables sources de la richesse publique, d'établir, pour tout ce qui intéresse le commerce, l'industrie ou les finances, les principes rationnels de l'art de gouverner. Eux aussi faisaient la guerre au pouvoir, mais sans combattre à la manière des philosophes. Les uns parlaient à la raison, à la dignité humaine, aux passions quelquefois; ils déclaraient, au nom de la justice, de la morale, tous les hommes égaux et frères. Les autres ne s'adressaient qu'aux intérêts; ils protestaient contre l'exemption d'impôts, les priviléges de tout genre accordés aux plus riches. Tous se concertaient pour détruire, en même temps que l'influence politique du clergé et l'autorité absolue de la monarchie, l'ancienne supériorité de la noblesse.

Telle est la politique nouvelle que Voltaire, Montesquieu, Rousseau, Didérot, toute l'armée de l'Encyclopédie, se proposaient d'enseigner à leur siècle et de faire consacrer par les lois. Sans doute, il existait entre des écrivains si opposés d'esprit, de caractère, et souvent rivaux, de nombreuses différences d'opinion; souvent divisés pour les détails, ils se trouvaient néanmoins d'accord sur le fond même de la doctrine. L'antagonisme éclata plus tard entre les disciples qui voulaient appliquer leurs idées. Pour le moment, il ne s'agissait que de critiquer et de détruire. Ils étaient unanimes.

Le mot *philosophe* prend dès lors une signification nouvelle et expressive. Jusque là, il avait plutôt désigné, ou le profond penseur qui s'efforce de pénétrer les lois de l'univers et la nature de l'âme, ou le spectateur indifférent des agitations de ce monde et des sottises du vulgaire, le sage qui cherche un bonheur tranquille dans la réflexion et dans l'étude. Peu d'hommes avaient paru mériter ce titre. Maintenant on le prodigue. Tout écrivain indépendant est plus ou moins philosophe, c'est-à-dire philanthrope, adversaire des préjugés, ennemi des puissances, réformateur de la société, mais avant tout, incrédule.

Jadis un philosophe, renfermé dans ses études abstraites et solitaires, semblait ne chercher ni le bruit ni la gloire. Le travail austère et consciencieux était son plus vif plaisir, et la vue de la vérité sa plus belle récompense. Quelle valeur auraient, aux yeux du sage, les applaudissements d'une foule ignorante? La région sublime où il porte ses pas est inaccessible aux profanes. Mais, pour une philosophie aussi ambitieuse que celle du XVIIIe siècle, il ne suffisait pas d'attirer à elle quelques initiés; elle voulait devenir pratique, elle n'existait qu'à condition de se répandre.

Les nouveaux philosophes ne pouvaient plus vivre obscurs et isolés. Au contraire, ils devaient s'imposer à l'attention publique. Ils s'introduisirent partout, dans les salons, dans les académies, auprès des grands, à la cour des souverains étrangers, parfois même à Versailles. Si leur doctrine finit par pénétrer la masse même de la nation, c'est qu'elle se présentait sous une forme simple, facile, attrayante, et savait se mettre à la portée de tous. La philosophie était devenue mondaine. Sans renoncer aux œuvres et aux études sérieuses, elle ne dédaignait pas les choses légères. Romans, contes, petits vers, lettres, pamphlets, facéties, almanachs, tout lui était bon. Cette littérature, souvent licencieuse, mais vive et alerte, s'adressait aux lecteurs qu'un gros livre aurait rebutés.

C'est pour ceux-là, et pour la foule encore plus grande de ceux qui ne lisent jamais, qu'écrivaient les auteurs dramatiques. Leurs ouvrages n'eurent pas cette sérénité des époques classiques, où l'on pense, où l'on écrit le plus souvent, pour le seul plaisir de penser juste et de bien dire; mais ils furent, au service de la philosophie, un puissant instrument de propagande. Quel est le nombre de ceux qui purent connaître les *Lettres anglaises* ou le *Contrat social*, opposé à ces milliers de spectateurs qui, pendant des années, dans toutes les provinces, applaudirent *Brutus* ou *Mahomet*, le *Philosophe sans le savoir* ou *Figaro* ?

Jamais le goût du théâtre n'avait été plus vif ni plus répandu; c'était une passion, presque une fureur. La mode était de jouer la comédie en société. Point de château, point de maison riche qui n'eût alors son théâtre installé selon toutes les règles, avec un public assidu, une troupe montée et qui ne chômait guère. Tous les princes du sang, la duchesse du Maine à Sceaux, le comte de Clermont à Berny, le prince de Conti au Temple ou à l'Ile-Adam, le duc d'Orléans à la chaussée d'Antin, à Bagnolet, avaient ainsi leur scène particulière et se plaisaient à y monter. On vit même, à Trianon, une reine chercher dans les rôles de soubrettes l'oubli de sa grandeur. C'était l'âge d'or des spectacles.

Tout contribuait alors à faire de la scène une tribune. L'opinion publique ne trouvant, pour se manifester, ni assemblées électives, ni réunions, ni presse indépendante, avait fait choix des théâtres. Là se réunissait chaque soir un public ardent, tumultueux, et qui se sentait maître chez lui; ce n'était pas, comme de nos jours, une masse flottante et sans cesse renouvelée. On discutait avec chaleur, non-seulement sur la pièce, mais sur les événements et les bruits du jour. On se montrait les hommes célèbres. C'est là que les héros du moment venaient chercher les applaudissements populaires et jouir de leur triomphe : Maurice de Saxe après Fontenoy, d'Estaing après la prise de la Grenade, le corsaire Paul Jones après ses hardies expéditions sur les côtes d'Angleterre. Voulait-on assurer à une pièce de vers, épigramme ou satire anonyme, une publicité soudaine, il suffisait de laisser tomber des plus hautes loges quelques feuilles sur le parterre. Elles étaient aussitôt recueillies, lues à haute voix, et faisaient le lendemain la nouvelle de Paris. N'est-ce pas enfin à l'Opéra, en plein foyer, que Beaumarchais distribuait lui-même les exemplaires de ses fameux mémoires ?

Le théâtre semblait donc s'ouvrir de lui-même et appeler la philosophie. Elle y pénétra. Faut-il s'en étonner? Un homme peut s'adresser chaque jour à un millier de spectateurs réunis exprès pour l'entendre, attentifs, dociles, avides d'émotions. Il peut, à son gré, manier les cœurs par l'emploi de la passion, éclairer les esprits par le raisonnement, séduire les sens par le puissant attrait de l'action dramatique, de la mise en scène; et il n'a pas à craindre, comme dans une assemblée ordinaire, les interruptions violentes, les répliques, une réfutation immédiate. Cet homme, pour peu qu'il ait ou croie avoir en morale, en politique, en religion une idée juste à répandre, une erreur à réfuter, repoussera difficilement l'occasion qui se présente de parler en son propre nom par la bouche des acteurs. Il sera jaloux de l'ascendant qu'un orateur exerce du haut de la tribune.

Sans être plus modérés dans la forme que les autres livres, les ouvrages dramatiques pouvaient sembler relativement inoffensifs. Ils jouissaient même d'une liberté assez étendue. Une pièce, même écartée de la scène, avait encore bien des moyens de se faire connaître; le malheur de ne pas être joué passait pour une punition suffisante, et la censure consolait l'auteur en lui laissant presque toujours la ressource de l'impression. En était-il privé? Il pouvait encore faire connaître son œuvre par des lectures, et surtout la laisser jouer sur les théâtres de société, ce qui lui assurait parfois presque autant de vogue et de publicité. Ainsi le drame de *Mélanie*, que Laharpe n'aurait pas même songé à présenter aux comédiens, s'imprima librement, et fut joué dans le monde par l'auteur et ses amis. La *Partie de chasse*, de Collé, interdite à la Comédie-Française jusqu'à la mort de Louis XV, était connue de tous avant sa première représentation. On l'avait jouée partout, même chez le duc d'Orléans. Des pièces défendues à Paris ne l'étaient pas toujours ailleurs ; souvent aussi, de guerre lasse, l'autorité se trompait dans ses rigueurs, et laissait passer sans méfiance des œuvres hardies, retentissantes, pour maltraiter ensuite quelque pauvre auteur sans malice, qu'elle aurait dû mépriser.

Avait-on déjà vu, à d'autres époques, le théâtre envahi de la sorte par la politique et la philosophie?

Nous ne parlerons, bien entendu, ni d'Aristophane ni des autres poètes de l'ancienne comédie athénienne. Ceux-là n'usurpaient pas timidement un droit contesté; ils exerçaient librement et au grand jour un privilége reconnu. Ces auteurs se voyaient en quelque sorte investis d'une fonction publique; ils étaient une puissance dans la ville, magistrats chargés du blâme, censurant au nom du peuple les fautes des hommes d'Etat, les travers ou les vices des particuliers, discutant les systèmes, proposant les réformes. Le rôle de la comédie chez les Athéniens était celui de la presse dans les pays modernes.

A la même époque, dans un genre qui exigeait plus de réserve, Euripide mêla souvent au dialogue tragique des discussions, des sentences morales. C'était un souvenir des leçons des sophistes, un écho des entretiens de Socrate. De pareilles subtilités convenaient à l'esprit délié des Grecs, et la rhétorique avait alors tout le charme de la nouveauté. Euripide était moins profondément religieux qu'Eschyle et Sophocle, ou l'était d'une autre manière. Il fut, comme Socrate, accusé d'impiété par Aristophane, partisan des anciennes mœurs. Peut-on, pour ce motif, le comparer à Voltaire? La philosophie de l'un n'est pas celle de l'autre. Chez Voltaire, elle se montre envahissante, agressive, ardente aux réformes. Les phrases sentencieuses, les arguties d'Euripide témoignent plutôt de la curiosité d'un bel esprit séduit par des idées nouvelles et spécieuses.

De même, Sénèque le Tragique remplaça le sentiment par l'argumentation, et fit de ses personnages de parfaits stoïciens, rompus aux antithèses, nourris dans les écoles des déclamateurs; mais ce n'étaient là que jeux d'esprit, imaginés pour le plaisir des oreilles délicates.

En France, la Basoche eut ses Aristophanes; les joyeux enfants du Tiers-Etat n'épargnèrent pas les ordres privilégiés. Mère Sotte était surtout leur ennemie, et tant qu'il fut en lutte avec la cour de Rome, Louis XII laissa faire ces utiles alliés; mais sa tolérance n'eut qu'un temps. Ceux qui frondaient si bien les gens d'église ou les gens d'épée pouvaient finir par s'attaquer à l'autorité royale elle-même. Le jour où leur gaîté parut dangereuse, on leur ferma la bouche. Cette liberté disparut avec les circonstances exceptionnelles qui l'avaient produite.

On en peut dire autant de certains drames du XVIe siècle, dans lesquels s'exhalèrent parfois toutes les passions de la Réforme ou de la Ligue. C'étaient des satires dialoguées. La tragédie et la comédie, comme l'éloquence religieuse, comme toute la littérature, devaient se ressentir des fureurs du temps. S'il fallait trouver à ces ouvrages quelque analogie, il serait plus juste de les comparer à certaines productions de l'époque révolutionnaire.

C'est plutôt au XVIIe siècle que l'on pourrait signaler chez certains auteurs une tendance pareille à celle qui devait se généraliser plus tard. Quelques symptômes annoncent les hardiesses de pensée de l'âge suivant. Il est tel vers de Cyrano de Bergerac, auteur de la *Mort d'Agrippine*, que l'on pourrait croire, à la forme près, écrit par Voltaire. Déjà l'on s'essayait à manier l'arme puissante, qui, dans des mains plus vigoureuses, devait faire de si profondes blessures.

Sauf cette dernière exception, ce fait isolé, le

théâtre n'avait jamais franchi ses limites naturelles que pour se livrer à des polémiques violentes, mais éphémères, ou pour exprimer de simples idées philosophiques, sans prétendre à réformer les lois et la société. Jamais encore on n'avait associé la théorie à la politique, l'utopie à la satire.

C'est ce caractère militant du théâtre, cette sorte de complicité de l'art dramatique et de la philosophie, que nous nous proposons d'étudier chez les principaux écrivains du XVIIIe siècle. Nous essaierons d'apprécier dans quelle mesure le théâtre put contribuer à exciter les esprits, à répandre les idées nouvelles, en un mot, à préparer la Révolution. Nous verrons en même temps de quel prix la littérature dramatique paya cet accroissement d'influence, quels défauts elle contracta, quelles blessures elle se fit pour ainsi dire à elle-même en abandonnant l'étude impartiale et désintéressée de la nature humaine pour se jeter avec ardeur au milieu de la lutte des partis.

PREMIÈRE PARTIE

LA TRAGÉDIE
LIBERTÉ POLITIQUE. — INCRÉDULITÉ. — TOLÉRANCE

CHAPITRE PREMIER

MAXIMES SUR LES ROIS. — ORIGINE DE LEUR AUTORITÉ. — LEURS DEVOIRS.

Tous les genres dramatiques, parfois même l'opéra, contribuèrent à répandre les idées nouvelles : l'effort fut partagé entre eux, comme une opération militaire entre les divers corps de troupe dont se compose une armée. La tragédie, grâce à l'ancienneté de ses sujets et au déguisement étranger de ses personnages, pouvait traiter à peu près toutes les questions. Elle se réserva la politique et la religion, que seule elle pouvait aborder impunément ; elle prit à partie le pouvoir royal, l'influence sacerdotale, célébra les bienfaits de la liberté et ceux d'une croyance philosophique. La comédie et le drame s'imposèrent une autre tâche, celle d'enseigner l'égalité des conditions.

Œdipe est joué en 1718. Quelques vers de cet ouvrage sont demeurés célèbres. On y a vu la première manifestation de l'esprit philosophique du siècle, et comme un défi jeté aux puissances ; pourtant Voltaire ne faisait que suivre ; d'autres, plus obscurs il est vrai, avaient déjà fait dans cette voie quelques pas avant lui.

Sans attendre la mort de Louis XIV, dès l'année 1713, Lagrange-Chancel écrivait dans *Ino et Mélicerte* quelques vers assez dédaigneux sur les rois. Cet auteur n'est plus connu maintenant que pour ses venimeuses *Philippiques* ; il cultivait alors avec succès la tragédie, et sa facilité brillante, jointe à une précocité extraordinaire, avait fait espérer au public un grand poète.

Crébillon lui-même, plusieurs mois avant la représentation d'*Œdipe*, avait donné sa *Sémiramis*, où Ninias parle de l'origine des rois comme le fera plus tard Polyphonte[1] :

> Un guerrier généreux, que sa vertu couronne,
> Vaut bien un roi formé par le secours des lois ;
> Le premier qui le fut n'eut pour lui que sa voix ;

Quand Voltaire viendra dire à son tour

> Le premier qui fut roi fut un soldat heureux,

---

[1] *Sémiramis*, Actes II, Scène 3.

il ne fera que reprendre, pour l'exprimer sous une forme plus nette et plus vive, la pensée délayée par un autre. Il aimait à corriger ainsi Crébillon, pour mieux confondre ceux qui osaient lui préférer ce rival.

Tous deux avaient du reste les mêmes idées. L'auteur de *Rhadamiste*, si l'on en croit ses biographes [1], montra toujours la plus vive aversion pour toute espèce d'autorité absolue, et afin de donner libre essor à ses sentiments d'indépendance, il avait commencé une tragédie de *Cromwell*. Bien d'autres après lui, poètes ou artistes, ont reproduit à l'envi cette mystérieuse et sombre figure, modèle d'hypocrisie raffinée ; mais l'entreprise était alors prématurée. Comment ces grands tableaux de l'histoire moderne auraient-ils pu se développer à l'aise dans le cadre étroit d'une tragédie classique ? Il leur fallait un art plus libre. Cet obstacle ne fut pas le seul. Tout en faisant de son héros un scélérat, Crébillon l'avait peint sous des traits si pleins de force et de grandeur, il avait, paraît-il, si éloquemment exprimé la haine vigoureuse des Anglais pour le pouvoir arbitraire, que la pièce fut jugée dangereuse. La première scène était déjà écrite, avec le discours que prononce Cromwell en déférant Charles Ier à la barre du Parlement, lorsqu'on défendit au poète, non de faire jouer sa tragédie, mais, ce qui est mieux encore, de la continuer, et

---

[1] *Biographie universelle.*

il se soumit. Cette défense, ajoute-t-on, dut l'affermir encore dans sa haine pour le despotisme. Oui, sans doute, mais cette haine sut se contenir.

> La foi qui n'agit point, est-ce une foi sincère ?

Il était si facile d'éluder cette interdiction injuste ! Un autre ne se serait pas déconcerté pour si peu. Qui l'empêchait de déguiser ses personnages, et de placer dans la bouche d'un Romain ou d'un Grec l'éloge de la Grande Charte ou de l'*habeas corpus*? Etait-il retenu par le respect de l'histoire, lui qui, dans son *Catilina*, défigura si étrangement le personnage de Cicéron ?

De cette ébauche de *Cromwell*, tout ne fut pas cependant perdu. Quelques vers, dit-on, reparurent longtemps après, en 1754, dans *le Triumvirat*, et furent jugés trop hardis, sans doute ceux-ci, qui pouvaient fort bien, à l'origine, s'adresser aux défenseurs du roi d'Angleterre [1].

> Un meurtre, quel qu'en soit le prétexte ou l'objet,
> Pour les cœurs vertueux fut toujours un forfait;
> Mais les républicains ne se font pas un crime
> D'immoler un tyran, même digne d'estime.

Quelques détails du caractère de Cromwell devaient aussi convenir au perfide et ambitieux Octave. Mais de Charles Ier jugé par les Anglais, à Cicéron proscrit par les triumvirs, la distance était trop

---

[1] *Le Triumvirat*, Acte II, Scène 2.

grande ; il ne pouvait être question que d'emprunts sans importance.

Crébillon avait entrepris ce *Cromwell* entre la représentation de *Xerxès* et celle de *Sémiramis*, c'est-à-dire entre les années 1714 et 1717. Un peu plus de fermeté ou de désobéissance, et peut-être cette pièce, antérieure à *Œdipe*, plus hardie même que *Brutus*, aurait inauguré avec éclat le rôle nouveau de la tragédie philosophique. Mais l'auteur n'avait eu qu'une velléité d'opposition ; devant la première menace, il recula.

Voltaire eut plus d'audace, et tandis qu'on oubliait les premières attaques de Crébillon ou de Lagrange-Chancel, quelques vers fameux par leur impiété consacrèrent le souvenir d'*Œdipe*. Cet ouvrage avait obtenu d'ailleurs un rare succès. Le chiffre de 45 représentations était alors presque inconnu : l'admiration fut unanime, lorsqu'on vit un auteur de vingt-quatre ans s'égaler, par ce coup d'essai, aux auteurs de ce temps les plus renommés, et Lamotte, chargé de la censure, donna son approbation dans les termes les plus flatteurs, en promettant à la France un digne successeur de Corneille et de Racine. On alla jusqu'à dire que Voltaire avait embelli Sophocle. Celui-ci, en effet, n'avait pas été obligé d'introduire dans son *Œdipe-Roi* un Philoctète soupirant pour la vieille Jocaste. Le modèle grec était-il par là embelli ou défiguré ? en 1718, la question ne pouvait être douteuse. Il est vrai aussi que depuis longtemps la scène française n'avait pas entendu de vers plus élégants, plus harmonieux. Des allusions excitaient la curiosité maligne du public, entre autres ce passage[1], où l'on reconnut l'histoire du testament de Louis XIV.

> Tel est souvent le sort des plus justes des rois :
> Tant qu'ils sont sur la terre on respecte leurs lois ;
> On porte jusqu'aux cieux leur justice suprême :
> Adorés de leur peuple, ils sont des dieux eux-même.
> Mais après leur trépas que sont-ils à vos yeux ?
> Vous éteignez l'encens que vous brûliez pour eux.

Ce que l'on remarqua surtout alors, ce fut l'irrévérence philosophique avec laquelle l'auteur traitait les prêtres ; mais les rois étaient-ils mieux partagés ? Dépouillés du prestige dont l'ancienne tragédie les avait entourés, ils retombaient au niveau des autres hommes, et loin de commander le respect, ils étaient les premiers à reconnaître leur faiblesse. Ainsi Philoctète rappelant tout ce qu'il doit à Hercule :

> Qu'eussé-je été sans lui ? Rien que le fils d'un roi,
> Rien qu'un prince vulgaire.

Ce *rien que* en dit beaucoup. Un mot pareil eût-il été toléré vingt ans auparavant ? Un auteur eût-il pensé même à l'écrire ? Plus tard viendra l'attaque ouverte et déclarée ; déjà l'on commence à manquer de respect.

Œdipe également fait bon marché de sa gran-

---

[1] Acte I, Scène 3.

deur ; il avoue n'être qu'« un roi facile à se tromper », il dit de lui-même :

> Mais un roi n'est qu'un homme en ce commun danger.

Enfin, il est loin de croire que ses sujets soient faits pour lui :

> Mourir pour son pays, c'est le devoir d'un roi.

Jadis on avait dit le contraire, et Corneille lui-même dans son *Œdipe*[1] :

> Le peuple est trop heureux quand il meurt pour ses rois.

ou dans *Andromède*[2] :

> Heureux sont les sujets, heureuses les provinces
> Dont le sang peut payer pour celui de leurs princes.....
> Le sang de tout un peuple est trop bien employé,
> Quand celui de ses rois en peut être payé.

On objectera que Corneille a parlé autrement ailleurs. En réalité, Corneille n'a pas de préférence politique : le langage qu'il prête à ses héros est simplement celui qu'exige leur caractère, leur passion dominante, leur situation, celui qu'indique l'histoire ou la vraisemblance. Comment lui attribuer une opinion ? il les a toutes. N'est-ce pas déjà un caractère que cette absence de préoccupation politique ? Enfin, pour nous en tenir aux vers cités plus haut, si Corneille ne nous fait pas connaître son idée personnelle, il exprime en tout cas une idée reçue, qui ne devait surprendre ni choquer

---

[1] *Œdipe*, Acte II, Scène 1.
[2] *Andromède*, Acte I, Scène 2. Acte II, Scène 4.

personne. C'en est assez pour nous permettre de comparer, sinon les deux auteurs, au moins les deux époques.

L'exemple était donné : la faveur publique avait encouragé cette tentative ; dès lors, la tragédie ne cessa de s'attaquer aux rois, de discuter l'origine et l'étendue de leur pouvoir. Il s'était d'ailleurs produit dans les esprits, dès le début de la Régence, une fermentation remarquable. A la mort de Louis XIV, la France s'était crue libre, elle s'essayait à parler une langue nouvelle. Les magistrats, dans une séance solennelle, rappelaient avec fierté, par la bouche de d'Aguesseau, que leurs *suffrages* avaient été nécessaires pour consacrer l'autorité du Régent, et *ratifier le choix de la nature*. C'était affirmer les droits de la nation, dont le Parlement, décoré du nom auguste de *Sénat*, aurait été le représentant légitime.

Massillon se montrait encore plus hardi. Quelques années plus tôt, une remontrance, si humble, si justifiée qu'on la suppose, eût été mal venue. Vauban, Racine en avaient fait l'épreuve ; le sage Mentor lui-même avait déplu. Bossuet, il est vrai, avait pu dire aux princes que « Dieu leur apprend leurs devoirs d'une manière souveraine et digne de lui, et qu'en leur donnant sa puissance, il leur commande d'en user comme il fait lui-même, pour le bien du monde »; mais en donnant aux souverains Dieu pour juge, il refusait aux hommes le droit de les juger eux-mêmes. Louis XIV pensait ainsi : « Mon fils, disait-il à l'enfant qui allait lui succéder, ce que je vous recommande plus fortement est de n'oublier jamais les obligations que vous avez *à Dieu*. » Telle avait été, telle était toujours la maxime du pouvoir absolu. Mais si les prétentions de la royauté restaient les mêmes, son prestige avait bien diminué. Massillon tenait à Louis XV un tout autre langage [1].

« Les peuples, *en élevant* un prince, lui ont confié la puissance et l'autorité, et se sont réservé en échange ses soins, son temps, sa vigilance..... Ce sont les peuples qui, par l'ordre de Dieu, les ont faits ce qu'ils sont ; c'est à eux de n'être ce qu'ils sont que pour les peuples. Oui, sire, c'est le choix de la nation qui mit d'abord le sceptre entre les mains de vos ancêtres; c'est elle qui les éleva sur le bouclier militaire, et les proclama souverains. Le royaume devint ensuite l'héritage de leurs successeurs; mais ils le durent originairement au consentement libre de leurs sujets; leur naissance seule les mit ensuite en possession du trône, mais ce furent les suffrages publics qui attachèrent d'abord ce droit et cette prérogative à leur naissance : en un mot, comme la source première de leur autorité vient de nous, les rois n'en doivent faire usage que pour nous. »

Le principe était donc formulé. Le rôle de la tragédie fut de répéter ce qu'avaient déjà dit avant elle Fénelon, d'Aguesseau, Massillon. Mais elle le fit avec

---

[1] Sermon sur les écueils de la piété des grands.

une vivacité qui trahissait des intentions hostiles. Il y eut entre les auteurs dramatiques une singulière émulation : ce fut à qui reproduirait la même idée dans le vers le mieux frappé, le plus énergique, et aussi le plus déclamatoire. Voltaire se répéta souvent ; de sa tragédie d'*Artémire* on a retenu un vers, assez beau il est vrai, sur Ptolémée et les autres fondateurs de dynasties

Soldats sous Alexandre et rois après sa mort,

Mais ceux de *Mérope*[1] sont les plus connus. Ils eurent la bonne fortune, rare pour des vers tragiques, de devenir aussitôt populaires. Les recruteurs inscrivirent sur leurs drapeaux, entre autres devises pleines de promesses, cette phrase séduisante sur les soldats heureux, et soixante ans plus tard, on put vérifier la prédiction.

Crébillon excellait aussi dans ce genre ; s'inspirant d'une parole de ~~Lucain~~, *primus in orbe deos fecit timor*, il disait [2] :

La crainte fit les dieux, l'audace a fait les rois.

ou bien encore, dans sa tragédie de *Pyrrhus* [3] :

Mais combien de trônes sont remplis
Par les usurpateurs qui s'y sont établis !
Votre aïeul en fut un, j'en nommerais mille autres,
Qui n'eurent pour régner d'autres droits que les nôtres.

[1] *Mérope*, Acte I, Scène 3.
[2] *Xerxès*, Acte I, Scène 1.
[3] *Pyrrhus*, Acte II, Scène 2.

Puis vint la foule des imitateurs plus ou moins obscurs, plus ou moins heureux, et parmi eux, un homme que l'on s'étonnera peut-être de voir figurer en pareille compagnie, car les railleries impitoyables de Voltaire lui ont valu une toute autre célébrité ; c'est, pour tout dire, Le Franc de Pompignan lui-même : voici quatre vers qu'il avait voulu insérer dans sa *Didon*, représentée en 1734 :

> S'il fallait remonter jusques aux premiers titres
> Qui du sort des humains firent les rois arbitres,
> Chacun pourrait prétendre à ce sublime honneur,
> Et le premier des rois fut un usurpateur.

De même, quand on parle des devoirs des rois, c'est moins pour éclairer les princes que pour apprendre aux peuples ce qu'ils sont en droit d'exiger :

> Est-ce pour conquérir que le ciel fit les rois ?
> N'aurait-il donc rangé les peuples sous nos lois
> Qu'afin qu'à notre gré la folle tyrannie
> Osât impunément se jouer de leur vie ?
> Ah ! jugez mieux du trône, et connaissez, mon fils,
> A quel titre sacré nous y sommes assis.
> Du sang de nos sujets sages dépositaires,
> Nous ne sommes pas tant leurs maîtres que leurs pères ;
> Aux périls de nos jours il faut les rendre heureux,
> Ne conclure ni paix ni guerre que pour eux,
> Ne connaître d'honneur que dans leur avantage,
> Et quand dans ses excès notre aveugle courage
> Pour une gloire injuste expose leurs destins,
> Nous nous montrons leurs rois moins que leurs assassins !

Crimes, assassins, c'est par un mot assez dur que se terminent d'ordinaire ces phrases à effet, et celui qui parle ainsi dans une tragédie de Lamotte [1], est un roi, Alphonse de Portugal. Peu importe la vraisemblance ; l'histoire est sacrifiée à la philosophie.

> Mais tant d'ambition n'est pas ce qui m'inspire.
> Cette soif de régner, d'étendre son empire,
> Fait-elle donc toujours la grandeur d'un héros ?
> D'un peuple obéissant affermir le repos,
> Poursuivre le forfait, protéger l'innocence,
> Ces objets sur mon cœur ont bien plus de puissance [2].

La leçon a cette fois d'autant plus d'à-propos, qu'elle est donnée par Clovis lui-même, transformé pour l'occasion en prince pacifique et débonnaire.

Inès de Castro est de l'année 1723, *Childéric* de 1736. Ainsi, dès l'origine, la royauté était descendue de cette région supérieure où l'avait un moment portée Louis XIV, et avait perdu cette majesté que l'on devait considérer, disait Bossuet au Dauphin, « comme l'image de la grandeur de Dieu dans le prince. » Si, à cette époque où la nation n'est pas encore ennemie de son gouvernement, les auteurs les plus modérés traitent déjà les rois comme de simples hommes, soumis au mal et à l'erreur, que doit-il se produire, alors que la littérature sera en relation plus intime, plus directe, avec la politique, alors que le théâtre reflétera mieux que jamais le sentiment public, et que chaque jour verra s'accroître l'impopularité du pouvoir ?

---

[1] *Inès de Castro*, Acte II, Scène 2.
[2] *Childéric*, tragédie de Morand, Acte I, Scène 3.

Ces maximes d'opposition seront plus que jamais à la mode. Ecoutons Marmontel [1] :

> Le chef n'a que le droit de servir de modèle.

Ou Leblanc de Guillet [2] :

> Sachez que l'homme enfin ne s'est donné des rois
> Que pour venger par eux la nature et ses droits.

Un autre encore :

> Eh ! pourquoi l'homme libre a-t-il créé des rois,
> Si ce n'est pour défendre et protéger ses droits ?

Tous ont même pensée, même style. Voulons-nous entrer dans le détail, et connaître une à une les obligations attachées au titre de roi ? Le sage Siffredi [3] va nous les apprendre, en énumérant les qualités du prince dont il a été le ministre, et dont il pleure la perte. Bon sans faiblesse, modeste, sourd à la brigue, il fut béni de ses peuples. Mais tel est alors l'état des esprits, que l'éloge dégénère promptement en satire ; il sera moins question des vertus de ce souverain modèle que du mal fait par les autres : sous son règne, dit Siffredi,

> On ne vit point au sein de l'horrible misère
> Le laboureur gémir du bonheur d'être père,

---

[1] *Numitor*, Acte IV, Scène 4.
[2] *Manco-Capac*, Acte I, Scène 5.
[3] *Blanche et Guiscard*, tragédie de Saurin.

> Ni du luxe, engraissé de son sang précieux
> Les palais insolents s'élever jusqu'aux cieux.

Le devoir des princes étant ainsi tracé, malheur à celui qui s'en écarte ! Le nom de tyran n'est plus même assez fort; on emploiera pour le flétrir les termes les plus odieux. Nous avons vu déjà les mots de rois et de crimes ordinairement associés, on trouvera mieux [1] :

> La rapine, le meurtre et les sanglants exploits,
> Tout ce cortége affreux des vengeances des rois.

Les conquérants surtout sont détestés. Ce siècle qui se termina par tant de batailles, penchait vers la douceur, et maudissait la guerre, avec ses ravages et ses massacres sans cause ni résultat[2] ; les princes belliqueux furent en butte à toutes les invectives.

> De tous les temps il fut d'illustres conquérants [3],
> Qui, de sang altérés, moins guerriers que brigands,

---

[1] *Jeanne de Naples*, tragédie de Laharpe, Acte II, Scène 1.

[2] Cette idée se retrouve partout alors, même dans les ouvrages les plus futiles. Ouvrons la comédie de l'*Oracle*, par Saint-Foix; une jeune fille, ingénue autant qu'on peut l'être, car la fée qui la protége l'a tenue toujours isolée, demande ce que font les hommes. Voici la réponse de la fée : « Ils sont divisés en plusieurs espèces. Ceux qu'on appelle guerriers, et qui plaisent le plus à l'apparence, s'assemblent par milliers dans une plaine, ils ont de longs couteaux bien tranchants et de petits globes de fer où ils renferment du feu, ensuite ils se précipitent les uns sur les autres, s'égorgent, se taillent en pièces.... — Cela est horrible, s'écrie Lucinde. » On voit que cette fée se rappelle certain passage de La Bruyère, et a lu le projet de *Paix perpétuelle* de l'abbé de Saint-Pierre.

[3] *Spartacus*, tragédie de Saurin.

> Pour le malheur du monde ont recherché la gloire.
> Parmi tant de héros trop vantés dans l'histoire,
> A peine en est-il un qui soit, par sa bonté
> Digne d'être transmis à la postérité.
> Ivres de la victoire, injustes, sanguinaires,
> Ils ont tous oublié que les hommes sont frères.

Cette morale nouvelle devait s'imposer avec plus d'autorité encore, si c'était le conquérant lui-même qui, désabusé de ses erreurs passées, et regrettant ses fautes, en faisait la confession publique, ainsi que Louis XIV à son lit de mort.

> Ah! mon fils, connaissez les malheurs de la guerre![1]
> Sous mon joug autrefois j'ai fait gémir la terre ;
> Et, du fer inhumain n'écoutant que les droits,
> J'ai brisé sans pitié le sceptre de vingt rois....
> Mais que j'ai payé cher cette gloire cruelle !
> Que de pleurs, que de sang, j'ai fait verser pour elle !
> Le repentir m'en reste....,

Qui tient ce langage? est-ce un tyran vulgaire, détesté, méprisé, un destructeur? Non, c'est un vieillard chargé de gloire, aimé et admiré, Sésostris. Jadis Fénelon l'avait choisi pour en faire le type du roi grand et généreux; maintenant il se déclare indigne; tyran et conquérant sont devenus synonymes.

Si les meilleurs et les plus humains se sentent ainsi troublés par les remords, que souffriront les autres? Tous sont malheureux : on l'affirmait du moins, et cette croyance était si générale, que De-

---

[1] *Orphanis*, tragédie de Blin de Sainmore, Acte II, Scène 4.

lille, traducteur fidèle de la pensée de ses contemporains, sinon de celle de Virgile, rendait ce mot connu sur le vieillard de Tarente : *Regum æquabat opes animis*, précisément par le contraire : *le bonheur qui s'enfuit loin des rois*. Les soupirs de Gengis dans l'*Orphelin de la Chine*, son malaise et ses regrets ne sont rien à côté des souffrances de Tamas-Kouli-Kan, autre Tartare, héros d'une tragédie de Dubuisson [1] :

> J'ai conçu pour moi-même une effroyable horreur !
> Le calme est sur mon front, la rage dans mon cœur.
> Que ne suis-je resté dans la classe vulgaire,
> Où le destin plaça mon aïeul et mon père !

Ce sombre tyran, torturé par sa conscience, est le modèle du genre; inutile d'en citer d'autres après lui.

Beaucoup de ceux qui n'avaient lu ni Fénelon, ni Massillon, ni les philosophes, se pénétraient ainsi peu à peu de leur esprit. Ces idées condensées en quelques vers sonores, frappées en forme de sentences, s'imposaient à toutes les mémoires ; le poète avait eu soin de les préparer, de les détacher, de les souligner pour ainsi dire, et l'acteur, en les débitant avec emphase, leur donnait plus de relief encore. Certes, il y avait là excès, déclamation ; l'invraisemblance était flagrante. Ni Clovis, ni Gengis-Kan, ni Sésostris n'avaient dû tenir un pareil

---

[1] *Nadir ou Tamas-Kouli-Kan*, Acte I, Scène 3.

langage, et faire contre eux-mêmes de si cruels aveux. Ces sentiments, ces pensées étaient d'un autre âge. Qu'importe ? Il s'agissait avant tout d'instruire, de convaincre ; et l'on était en même temps sûr de plaire. Toute allusion était vivement saisie, et reçue avec transport. Le déguisement assyrien, romain ou espagnol ne trompait personne ; avec le public ardent, passionné, qui remplissait alors le théâtre, l'auteur était toujours sûr d'être compris à demi-mot.

CHAPITRE II

TRAGÉDIES RÉPUBLICAINES. — VOLTAIRE, LEMIERRE, LAHARPE.

Des maximes isolées n'auraient pas suffi. Elles ne s'adressaient qu'à l'esprit, toujours libre de les discuter, de les réfuter. Le plus sûr était d'émouvoir. L'influence du sentiment est irrésistible; dès la première larme, le spectateur est gagné. Mais comment l'attendrir ? Quelquefois on imaginait une scène où, pour parler la langue du temps, la nature et le préjugé étaient aux prises; tout dépendait alors de l'adresse avec laquelle le poète savait manier le pathétique.

C'est ainsi que dans l'*Orphelin de la Chine*, Voltaire agite la question du dévouement monarchique. D'une ancienne dynastie détrônée par l'invasion des Tartares, il ne reste qu'un enfant de quelques mois, et Gengis veut assurer sa conquête par la mort de cet orphelin. Comment le sauver? Ceux qui sont chargés de sa garde pourraient sacrifier leur propre fils, en le faisant passer pour le jeune prince ; mais doivent-ils y consentir ? Zamti ne considère que son devoir de fidèle sujet ; Idamé, au contraire, n'écoute que sa tendresse maternelle ; avec quelle force éloquente elle sait défendre son fils ! [1]

> Les rois ensevelis, disparus dans la poudre,
> Sont-ils pour toi des dieux dont tu craignes la foudre ?
> Va, le nom de sujet n'est pas plus saint pour nous
> Que ces noms si sacrés et de père et d'époux.
> La nature et l'hymen, voilà les lois premières,
> Les devoirs, les liens des nations entières ;
> Ces lois viennent des dieux ; le reste est des humains.
> Ne me fais point haïr le sang des souverains.

« Ces vers si vrais, dit un contemporain, [2] n'excitèrent d'abord que l'étonnement, les spectateurs balancèrent, et le cri de la nature eut besoin de la réflexion pour se faire entendre... Ces mêmes vers n'ont plus été entendus depuis qu'avec transport. » Preuve décisive de l'action puissante que pouvait alors exercer le théâtre.

Souvent ce n'était plus même une scène, mais une pièce entière, qui offrait au spectateur sa leçon philosophique. Il assistait à la lutte de l'absolutisme et de la liberté. D'une part, tous les plus beaux sentiments de l'âme humaine, l'indépendance, le patriotisme, le dévouement, la justice, incarnés dans un personnage noble et sympathique, dont les dangers faisaient frémir, dont les malheurs devaient arra-

---

[1] *L'Orphelin de la Chine*, Acte II, Scène 3.
[2] CONDORCET. *Vie de Voltaire*.

cher des larmes, et les vertus un cri d'admiration ; d'autre part, l'ambition hypocrite ou violente, la cruauté, la vengeance, enfin tout le cortége odieux de la tyrannie.

Ici encore, Voltaire avait donné l'exemple : sa tragédie de *Brutus* fut la première en ce genre. On sait la cause de son exil, sa querelle avec le chevalier de Rohan. Quel spectacle pour un Français, et pour un Français chassé de sa patrie par de pareilles rigueurs, que celui d'un pays libre comme l'était déjà l'Angleterre ! Ces sentiments d'admiration qui devaient inspirer quelques-unes des *Lettres philosophiques*, le théâtre fut chargé de les exprimer aussi. Voltaire était à Wandsworth, chez son ami M. Falkener, auquel plus tard fut dédiée *Zaïre*, lorsqu'il écrivit en prose anglaise le premier acte d'un ouvrage dramatique. Cet essai bientôt abandonné, devint quelque temps après son retour en France (1730) la tragédie de *Brutus*.

Au siècle dernier, certains partisans fanatiques de Voltaire rapprochaient *Brutus* de *Cinna*. Ce n'était pas, bien entendu, pour donner l'avantage à Corneille ; la comparaison était toute politique. *Cinna* leur paraissait un républicain médiocre. Il avait à leurs yeux le tort de ne pas aimer sincèrement la liberté, de conspirer par vengeance, par amour, enfin de ne pas être le véritable héros de la pièce ; en effet, Auguste l'écrase, au dernier acte, par la noblesse de sa clémence.

Dans l'œuvre de Voltaire, la sympathie ne peut être

partagée. L'amour du jeune Brutus et de Tullie n'est pas assez touchant pour nous faire souhaiter, en dépit de tout, son triomphe, et c'est pour la liberté romaine, encore naissante et en danger, que le spectateur doit réserver tous ses vœux. Rien de plus précis, de plus vigoureux que le discours par lequel le consul repousse, au nom du Sénat, tantôt les propositions insidieuses, tantôt les menaces de l'ennemi. Jamais le principe de la souveraineté nationale n'avait été si nettement proclamé sur la scène.

N'alléguez point, dit Brutus en parlant du prince déchu, n'alléguez point [1]

> Ces dieux qu'il outragea, ces droits qu'il a perdus.
> Nous avons fait, Arons, en lui rendant hommage,
> Serment d'obéissance, et non point d'esclavage.
> Et puisqu'il vous souvient d'avoir vu dans ces lieux
> Le Sénat à ses pieds faisant pour lui des vœux,
> Songez qu'en ce lieu même, à cet autel auguste,
> Devant ces mêmes dieux, il jura d'être juste.
> De son peuple et de lui, tel était le lien ;
> Il rompt tous nos serments lorsqu'il trahit le sien,
> Et dès qu'aux lois de Rome il ose être infidèle,
> Rome n'est plus sujette, et lui seul est rebelle.

Tel est déjà le prestige de cette liberté nouvelle, que ses ennemis eux-mêmes sont contraints de l'admirer, et reconnaissent sa force féconde ; s'ils la combattent, c'est qu'elle rendrait Rome affranchie trop redoutable. Arons l'avoue, lui, l'ambassadeur et l'ami de Tarquin.

Quant au fils de Brutus, il ne ressemble guère à

---

[1] *Brutus*, Acte I, Scène 3.

ces jeunes gens frivoles que l'historien latin nous montre regrettant la monarchie précisément pour ses caprices, ses faveurs, ses prodigalités et sa licence ; il a même, dit-il, « les rois en horreur ; » s'il conspire, c'est qu'aux rancunes d'une ambition non satisfaite est venue se joindre sa fatale passion pour la fille de Tarquin ; aussitôt après, il reconnaît son erreur, revient à son ancienne vertu, et se condamne.

> Mon cœur, encor surpris de mon égarement,
> Emporté loin de soi, fut coupable un moment ;
> Ce moment m'a couvert d'une honte éternelle ;
> A mon pays que j'aime il m'a fait infidèle ;
> Mais, ce moment passé, mes remords infinis
> Ont égalé mon crime et vengé mon pays.
> Prononcez mon arrêt. Rome, qui vous contemple,
> A besoin de ma perte et veut un grand exemple ;
> Par mon juste supplice il faut épouvanter
> Les Romains, s'il en est qui puissent m'imiter.
> Ma mort servira Rome autant qu'eût fait ma vie,
> Et ce sang, en tout temps utile à sa patrie,
> Dont je n'ai qu'aujourd'hui souillé la pureté,
> N'aura coulé jamais que pour la liberté.

Sans l'exil et le séjour chez un peuple libre, l'admiration traditionnelle pour les héroïques barbaries de la légende romaine n'aurait pas suffi peut-être à inspirer ces beaux vers. Il semble que les idées de Voltaire se sont transformées depuis *Œdipe*, et qu'au lieu de dédaigner les rois en philosophe, il les combat maintenant en citoyen.

Sous cette forme de réminiscences classiques, les sentiments les plus hostiles à la monarchie pouvaient ainsi se manifester sans danger. Le pouvoir ferma les yeux ; la pièce fut jouée, imprimée librement ; elle fut même plus tard l'objet d'une singulière faveur officielle. Après la conclusion du traité de Paris, lorsque le ministre d'Angleterre dut pour la première fois se montrer en public, au spectacle, les comédiens eurent ordre de jouer *Brutus*, parce qu'il se trouve dans cet ouvrage un bel éloge des fonctions d'ambassadeur. Les spectateurs, plus avisés, y voyaient surtout l'éloge de la liberté : *Brutus* fit des républicains.

Cette tragédie fut dans le théâtre de Voltaire une œuvre à part ; c'est là qu'on trouve l'expression la plus vigoureuse, la plus éloquente, de ses sentiments politiques. Il parut varier souvent, quelquefois même se contredire. L'auteur qui avait écrit *Brutus*, composa pour les fêtes de la Cour le *Temple de la Gloire* ; mais en réalité, lorsqu'il comparait le roi de France à Trajan, il lui offrait moins un éloge qu'un exemple. Il prodigua les flatteries à Frédéric de Prusse et à la Sémiramis du Nord ; c'était pour le bien de la philosophie, que les faveurs des souverains étrangers dédommageaient de l'indifférence dédaigneuse de la cour et des rigueurs du ministère. Ces hypocrites complaisances lui semblaient justifiées par l'intérêt de sa cause, et malgré tous les déguisements obligés, ses idées politiques restèrent les mêmes.

La *Mort de César* fut un autre fruit du voyage d'Angleterre ; il s'agissait de révéler aux Français les beautés de Shakespeare. A ne considérer que le sujet lui-même, un usurpateur tué par des républicains, quel heureux prétexte pour se déchaîner contre les tyrans ! quelle tentation ! un poète vulgaire n'eût pas su résister. Voltaire fut plus sage, et s'interdit, pour cette fois, l'invective. On ne trouverait pas ici de ces maximes bruyantes, telles qu'il en prodigua si souvent ailleurs ; jamais la mesure n'est dépassée. A un moment, il fait dire par César :

> Soit qu'étant né Romain, la voix de ma patrie
> Me parle malgré moi contre la tyrannie,
> Et que la liberté que je viens d'opprimer
> Plus forte encor que moi, me condamne à l'aimer....

Ce langage rappelle celui d'Arons ; c'est encore un hommage involontaire rendu à la liberté par son oppresseur ; mais ce n'est pas de la déclamation. A défaut de vers philosophiques, verrons-nous au moins l'opinion du poète exprimée par une de ces préférences discrètes, et pourtant visibles, qu'un auteur dramatique accorde souvent à tel ou tel personnage ? nullement. Il reste neutre ; s'il retrace avec égards, avec une sorte de respect, cette noble et sévère figure de Brutus, il se garde bien pourtant de lui sacrifier César [1]. La grandeur d'âme, la géné-

---

[1] Si un personnage est sacrifié, ce serait plutôt Brutus, car il connaît le secret de sa naissance, il est volontairement parricide. « Bien des gens, dit la préface, trouvent dans cette pièce trop de férocité. Ils voient avec horreur que Brutus sacrifie à l'amour de la patrie, non-seulement son bienfaiteur, mais encore son père. On n'a autre chose à répondre, sinon que tel était le caractère de Brutus. » Ce n'est pas là un panégyrique.

rosité, la clémence, toutes ces rares vertus que l'histoire reconnaît au dictateur, lui sont restées dans la tragédie. Le jour où il composa cet ouvrage, Voltaire avait oublié sa philosophie pour faire œuvre d'historien sincère et impartial. Circonstance assez rare alors pour être signalée.

Voltaire écrivit encore, mais vers la fin de sa carrière, plusieurs autres tragédies politiques, entre autres le *Triumvirat* et les *Scythes*. Il appelait Octave et Antoine *ses roués*, et leur a donné le caractère de brigands odieux; toute la morale de la pièce est contenue dans ces mots [1].

> A quels maîtres, grands dieux, livrez-vous l'univers !

La tragédie des *Scythes* était un pompeux éloge de la liberté; les fières réponses d'Indatire menacé par le persan Athamare furent très-applaudies. Les amateurs d'allusions en virent partout dans cette pièce : selon eux, Sozame était le patriarche de Ferney en personne, ayant fui Babylone, c'est-à-dire Paris, et retiré chez les Scythes, ou, si l'on veut, chez les Suisses hospitaliers. Mais ces œuvres de sa vieillesse n'ajoutèrent pas à la renommée du poète, et ses idées politiques nous sont déjà connues. Mieux vaut parler de ses imitateurs.

Dans ce genre dont Voltaire avait donné le modèle, bien des défauts étaient en germe ; cependant il avait su les éviter en partie. Les personnages

---

[1] Acte I, Scène 1.

de *Brutus* ne sont ni violents de caractère ni exagérés dans leurs actions: le langage qu'ils tiennent semble conforme à leur situation. L'auteur discute, plaide, instruit, sans sortir de la vraisemblance, et surtout il sait émouvoir. La dernière entrevue du consul avec ce fils qu'il admire, qu'il aime, qu'il pleure, et qu'il envoie néanmoins au supplice, est un chef-d'œuvre. Je ne sais si Voltaire a jamais écrit une scène plus touchante et plus forte. Mais ceux qui le prirent pour modèle ne surent pas comme lui s'attendrir ; chez eux, l'indignation, la haine remplacèrent les larmes. Toute discussion devint un lieu commun, un hors-d'œuvre ; enfin, ils n'eurent pas l'art de se dissimuler aussi bien que lui derrière leurs personnages. Tous les héros tragiques parlèrent en philosophes. Nulle part ce défaut n'est plus sensible que dans le *Guillaume Tell* de Lemierre ou la *Virginie* de Laharpe.

Lemierre avait choisi un sujet difficile entre tous, et rebelle aux exigences classiques; il lui fallut tout mutiler, tout mettre en récits. Mais si l'auteur pécha contre la vraisemblance, s'il ne fit pas de ses personnages les vrais montagnards Suisses du moyen-âge, du moins il les représenta comme de parfaits citoyens et des politiques accomplis. Il imagina un Guillaume Tell qui avait lu l'*Esprit des Lois*, connaissait le mot fameux de Montesquieu sur le principe du gouvernement dans les républiques, et se rappelait que ce n'est ni par honneur, ni par amour de la gloire, mais par pure vertu que des hommes comme lui doivent agir.

> Sans dédaigner l'éclat qui suit la renommée,
> D'un plus pur sentiment mon âme est enflammée.
> On a trop préféré la gloire à la vertu.....
> Nous affranchir, voilà notre immortalité....
> Que la Suisse soit libre, et que nos noms périssent!

Cléofé était une femme digne de lui, une matrone romaine que l'on aurait pu appeler aussi bien Arria ou Porcie, tant elle brûlait de prendre sa part du péril, et s'indignait qu'on prétendît lui cacher la conjuration. Pourquoi l'exclure du service de la patrie? Chacune de nous, disait-elle, est citoyenne, et si les hommes ont pour rôle glorieux de défendre nos foyers, nous ne sommes pas moins utiles en donnant aux enfants la première idée du devoir, en leur inspirant l'amour des lois, et tous les sentiments généreux qui feront leur force un jour. Est-il besoin d'ajouter que les imprécations abondent contre le despotisme féodal, le joug de fer, le fardeau des impôts, le pillage, le meurtre, le mépris de tous les droits humains? Lieux communs si l'on veut, mais qui ne laissaient alors personne indifférent. Un passage surtout devait émouvoir les Parisiens :

> Regardez cette tour
> Qui des hauteurs d'Altorf domine sur ce bourg,
> Ce fort dont le nom seul est l'insulte publique,
> Et le triomphe affreux du pouvoir despotique.

Cette tour que l'auteur ne nomme pas, chacun l'avait vue et maudite, c'est la Bastille.

Laharpe, qui depuis... témoigna tant de haine à la Révolution, fut de ceux qui contribuèrent à la préparer, et se signala parmi les plus fervents de l'école philosophique. Correspondant littéraire de plusieurs souverains du Nord, tandis qu'il flattait Saint-Pétersbourg, il se montrait à Paris frondeur et citoyen; pareille contradiction n'était pas rare. Déjà dans *Warwick*, une de ses premières œuvres, on pouvait relever quelques vers bien malsonnants, celui-ci entre autres,

> Le trône a-t-il déjà corrompu votre cœur?

ainsi qu'un éloge significatif de la liberté anglaise. Mais, comme toujours, l'ancienne Rome, celle qui a chassé les Tarquins, proscrit le nom royal, et fait de ce titre une injure et un crime, inspirait son plus vif enthousiasme : on en jugera par un coup d'œil jeté sur la tragédie de *Virginie*.

Appius le décemvir s'est métamorphosé en tyran classique. Maître de Rome, il a relégué dans l'ombre et fait oublier ses collègues, dont un seul paraît sur la scène pour lui servir de confident, appeler humblement *seigneur* celui qui le tutoie sans façon, et lui présenter des remontrances aussi respectueuses qu'inutiles. Le fiancé de Virginie, Icilius, ancien tribun du peuple,

> Né pour l'égalité, né pour la république,

a conservé en sortant de charge toutes ses habitudes

de fougueuse éloquence, et abuse des longs discours. Sur le point de conduire Virginie à l'autel, il parle politique à la jeune fille autant qu'amour; lorsque l'insolent affranchi Clodius a osé porter la main sur celle qu'il revendique comme esclave, la rage, le désespoir, n'empêchent pas le malheureux Icilius de dogmatiser encore. Il prêche même le décemvir, sans espoir de le convaincre.

> Un sujet a tout fait quand il sait obéir ;
> Il suffit d'être vil pour savoir être esclave ;
> Le citoyen doit être et vigilant et brave.
> Tout s'achète, en un mot, et le plus précieux,
> Le plus cher des présents que nous ont faits les Dieux [1],
> La liberté, toujours aux peuples enviée,
> Pourrait de quelques soins paraître trop payée !
> Il faudra des tyrans en croire les discours !
> Qui ne les connaît pas ? Ils appellent toujours
> Du nom d'ordre et de paix l'autorité sans borne,
> Le dévouement muet, la servitude morne,
> Et décorent ainsi des titres les plus beaux
> Le silence des morts et la paix des tombeaux.

Cette digression est peut-être mal placée, et Virginie semble trop oubliée, mais les sentiments sont généreux, exprimés avec force, et cette réminiscence de Tacite, *ubi solitudinem fecerunt, pacem appellant*, termine heureusement le morceau. Un peu d'emphase ne messéyait pas alors ; tel était le goût de l'époque, et dans la tragédie, comme plus tard dans l'éloquence révolutionnaire, qui eut toujours quelque chose de théâtral, la sincérité prenait tous les caractères de la déclamation.

---

[1] Souvenir de *Tancrède*.

La passion politique et la haine du pouvoir absolu pourront se montrer plus vives, mais ce sera dans le *Charles IX* de Chénier, représenté au mois de novembre 1789. Alors la Comédie-Française s'appelait déjà le Théâtre de la Nation, et la censure n'était plus à craindre. La *Virginie* de Laharpe, qui vit le jour en 1786, sera donc pour nous le dernier type de ces tragédies dans lesquelles, à l'abri des souvenirs de l'antiquité classique, se manifestaient librement les griefs et les aspirations de la France moderne.

CHAPITRE III

DÉFENSE DE LA ROYAUTÉ. — DE BELLOY. —
LE SOUVERAIN IDÉAL. — HENRI IV.

A ces attaques répétées, véhémentes, et toujours goûtées par un public amoureux d'opposition, un homme répondit, à plusieurs reprises, en se déclarant franchement royaliste, et cela, pendant les années les plus sombres du règne de Louis XV, lorsque les parlements, les salons, la chaire elle-même, retentissaient de tant de critiques amères. Ce qui peut paraître plus singulier encore que cette tentative, c'est le succès qu'elle obtint, et ce succès fut grand, incontestable. Porté aux nues pendant plusieurs mois, de Belloy, le médiocre auteur du *Siége de Calais*, put se croire le premier de nos poètes; il avait, en effet, réuni tous les suffrages; la cour et l'opinion, toujours divisées, ne s'étaient trouvées d'accord que pour l'admirer. Louis XV, si insouciant d'ordinaire, prit à cœur de faire réussir cet ouvrage, déclara hautement ses sympathies, gourmanda les courtisans trop lents à applaudir, et fit donner à de Belloy le prix récemment institué pour celui qui aurait obtenu trois triomphes au théâtre ; le *Siége de Calais*, vu son mérite exceptionnel, devait être compté pour deux. D'autre part, cette tragédie fut partout accueillie avec transport, représentée même dans les régiments, dans les colonies, et la ville de Calais, adoptant le poète pour citoyen, lui fit un riche présent.

D'où venait un tel bonheur, et comment expliquer cet enthousiasme universel ? Est-ce à dire que les Français légers, mobiles, encore indécis dans leurs idées politiques, approuvaient tour à tour et avec une égale bonne foi le pour et le contre, ou bien cette contradiction n'est-elle qu'apparente ? N'en cherchons pas le motif dans le mérite même de la pièce ; rarement la scène avait connu une action plus froide, un style plus ampoulé et plus dur. Alors, par quel secret l'auteur avait-il su plaire à tout le monde ?

On comprendra sans peine l'engouement du roi ; s'il aimait la flatterie, jamais il ne dut se montrer plus satisfait. La préface était à elle seule un chef-d'œuvre :

« Sire, de tous les peuples de la terre, le vôtre est celui qui sait le mieux aimer ; et vous êtes le roi qu'il a jugé le plus digne de son amour. Père de la patrie, daignez agréer un ouvrage entrepris pour elle. Ce drame, tout faible qu'il doit paraître, a été l'occasion des nouveaux témoignages de tendresse mutuelle que la France et son maître viennent de se donner. Dès que l'on parle à ma nation de ce zèle ardent qui l'a toujours enflammée pour ses souverains, avec quel secret plaisir, avec quel doux transport tous les cœurs se tournent vers Votre Majesté! Calais a rappelé Metz, époque à jamais attendrissante, devenue l'éloge immortel du monarque et de son peuple. Ah! sire, que vous sentez vivement tout ce que méritent de tels sujets! Mais aussi que ne doit pas attendre d'eux un prince qui leur fait adorer sur le trône l'âme *la plus vertueuse* de son empire? »

Cette incroyable adulation se retrouve à chaque scène. Jamais la France n'est nommée sans le prince; le terme de *maître* est sans cesse répété; c'est à celui-ci qu'on se dévoue, plus encore qu'à l'État, et les sentiments qu'il inspire sont bien de ceux qu'affecte le courtisan, habitué à paraître amoureux de la personne de son souverain, à parler de lui comme un amant de sa maîtresse.

Nous mourrons pour le roi, pour qui nous vivions tous....
Dans Londre à vos vertus tous les cœurs vont s'offrir :
Valois n'en laisse point en France à conquérir.

Enfin, tandis que d'autres chantaient les mérites de la constitution Anglaise, de Belloy fait entendre ici le contraire. C'est Édouard qui parle, il est vrai, et un souverain ne se croit jamais trop absolu; celui-ci reproche donc à la liberté d'ensanglanter son royaume; il envie le pouvoir sans contrôle accordé à son rival.

> Mais que voyais-je en France ? Un roi, maître suprême,
> En qui vous révérez la divinité même.

Ce dernier mot suffirait pour justifier l'admiration de Louis XV : on aime à s'entendre appeler Dieu. Mais, étant donnée la disposition des esprits, il semble que plus la cour devait louer, plus le public devait se montrer choqué. Comment s'était-il laissé séduire au point de pardonner tant de platitudes? C'est que l'auteur avait parlé de patriotisme.

> Plus je vis d'étrangers, plus j'aimai ma patrie.

Il avait surtout exalté l'honneur national, et le moment était pour cela bien choisi. On était en 1765. La France sortait à peine de la Guerre de Sept-Ans, vaincue, dépouillée, et plus encore humiliée, puisqu'elle semblait avoir perdu jusqu'à ses vertus militaires. A cette nation qui pouvait douter d'elle-même, le poète essaya de rendre confiance. Il lui parla d'une autre époque encore plus triste, d'une autre défaite également désastreuse, mais ennoblie par un sacrifice héroïque, et glorieusement réparée dans la suite; il fit acte de foi patriotique et d'espérance.

> Chez les Français, toujours l'excès du sentiment
> Augmente le bonheur, rend le malheur plus grand.
> Peu faits aux longs revers, las de voir leur courage
> Servir à leur défaite et hâter leur naufrage,
> Dans un dépit amer, hélas ! ils ont pensé
> Que le siècle est déchu, que leur règne est passé.
> Mais qu'il s'élève enfin, dans cette erreur commune,
> Une âme inébranlable aux coups de l'infortune,

> Digne de nos aïeux et de ces temps si chers,
> Où les lys florissants ombrageaient l'univers,
> Et vous verrez soudain partout ce peuple avide,
> Saisir, suivre, égaler son audace intrépide....

Tous ces vers ne sont pas bons, et l'on eut raison de dire qu'ils étaient moins français que l'auteur; mais ils avaient le mérite de réveiller les plus nobles sentiments; ils firent battre tous les cœurs.

Les philosophes murmurèrent tout bas; d'abord ils se voyaient pris à partie dans un passage qui dénonçait leur philanthropie comme une doctrine antipatriotique :

> Je hais ces cœurs glacés et morts pour leur pays,
> Qui, voyant ses malheurs dans une paix profonde,
> S'honorent du grand nom de citoyens du monde,
> Feignent dans tout pays d'aimer l'humanité
> Pour ne la point servir dans leur propre cité.

De plus, ce perpétuel dithyrambe monarchique ne pouvait leur plaire. « Qu'est-ce qu'il faut, écrivait Grimm, pour faire le plus bel ouvrage du siècle? Il faut dire en dix-huit cents vers, dont dix-sept cent soixante-dix-sept durs et plats, de dix-huit cents manières différentes, qu'un roi doit aimer ses sujets, et que les sujets doivent aimer leur roi. » Le temps donna raison aux critiques. Comme toutes les œuvres surfaites, celle-ci expia bientôt sa fortune par un dédain peut-être excessif à son tour. Etait-ce lassitude et inconstance du public? L'impression fit-elle reconnaître les défauts de l'intrigue, les ridicules du style? Ou cette brusque défaveur ne s'explique-t-elle pas en partie par le ressentiment de ceux qu'une ardeur irréfléchie avait entraînés trop loin, et qui, rentrés en eux-mêmes, regrettaient d'avoir trop associé dans leurs acclamations le nom de leur roi, de leur *maître*, à celui de la patrie?

Quoi qu'il en soit, de Belloy dut croire qu'il avait créé un genre nouveau, la tragédie nationale. On suivit la route qu'il avait frayée; mais, négligeant les plates adulations à l'adresse du pouvoir, ceux qui l'imitèrent songeaient surtout à célébrer les sentiments d'honneur, de devoir, et la résistance héroïque à l'étranger; ils semblaient ambitionner des honneurs pareils à ceux dont la ville de Calais avait gratifié son poète. On mit donc sur la scène la belle défense de Beauvais, celle de Saint-Jean de Losne, et jusqu'au siége de Sens du temps de Jules César, comme si toute ville française qui avait su arrêter l'ennemi eût été jugée digne des honneurs tragiques.

Quant à celui qui avait donné l'exemple, il voulut renouveler son triomphe en continuant à flatter tout le monde, le souverain, par des vers comme ceux-ci (*Gaston et Bayard*) :

> Dieu dit à tout sujet quand il lui donne l'être :
> Sers, pour me bien servir, ta patrie et ton maître.
> Sur la terre, à ton roi j'ai remis mon pouvoir.
> Vivre et mourir pour lui, c'est ton premier devoir.

Ou dans la même pièce, parlant de Louis XII :

> Qu'il a de droits sur nous sans ceux de sa couronne!
> L'amour jusqu'au transport naît à son doux aspect.

Ou, dans *Gabrielle de Vergy*, cette phrase surprenante sur Philippe-Auguste :

> Ce roi, l'amour du monde, et le Dieu des Français.

Les sujets avaient leur part d'éloges ; toutes les vertus nationales, honneur chevaleresque, loyauté généreuse, courage intrépide, se personnifiaient dans le duc de Nemours et dans Bayard, mais gâtées chez l'un et l'autre par une certaine jactance, et, chez le dernier, affadies par une galanterie banale :

> Quand c'est pour la beauté qu'ils courent à la gloire,
> Les Français font voler le char de la victoire.....
> On plaît à la beauté quand on sert la patrie.

Le talent supérieur de Lekain et la pompe du spectacle firent encore applaudir ces fadeurs, et il se produisit un certain enthousiasme de commande ; mais l'astre du « poète national » penchait vers son déclin ; un homme de goût fit justice de ces flagorneries intarissables en les appelant comme il convenait, du patriotisme d'antichambre. Le mot est de Turgot.

Entre les opinions républicaines de Lemierre ou de Laharpe, et cette idolâtrie monarchique hautement professée par de Belloy, mais par lui seul, il y avait place pour des idées plus modérées ; elles ne manquèrent pas de se produire aussi. Des auteurs, au lieu de condamner tous les rois sans exception, leur enseignèrent à quelle condition ils pouvaient se faire aimer, et dessinèrent avec une sorte de complaisance la figure du souverain idéal. Sans adulation et sans critique, ils se contentèrent de donner un avis salutaire ; mais, rapprochée du portrait flatteur qu'ils traçaient, la réalité devait sembler triste et décourageante, et malgré eux, leurs ouvrages devinrent quelquefois satiriques par comparaison. Ce prince idéal, les écrivains du xviiie siècle l'avaient partout cherché, soit autour d'eux, soit dans le passé ; les uns avaient parcouru les annales de tous les peuples, pour s'arrêter au règne des Antonins [1], heureuse époque dans laquelle les philosophes étaient rois, ou les rois philosophes ; les autres, sans sortir de France, mais remontant le cours de notre histoire, avaient jeté les yeux sur Henri IV, et si bien chanté ses vertus, que ce prince digne d'être admiré, mais peut-être moins aimé de son temps qu'on ne l'a répété depuis, était devenu populaire un siècle et demi après sa mort ; la *Henriade* l'avait mis à la mode.

Ce que les philosophes voyaient en lui, c'était moins le grand politique, le guerrier intrépide, que le sceptique parlant si lestement de sa conversion, et, par l'Édit de Nantes, introduisant dans nos lois la tolérance. Ils reconnurent en ce prince un des leurs, et lui composèrent comme une légende, à laquelle se prêtaient si bien son humeur aventureuse,

---

[1] VOLTAIRE. *Le Temple de la gloire.*

sa verve gasconne et sa feinte bonhomie. C'est le héros de cette légende,

<blockquote>Le seul roi dont le peuple ait gardé la mémoire,</blockquote>

et non celui des historiens, que nous retrouverons sur le théâtre.

Nombre de pièces furent composées en son honneur. La plus estimée jadis, la seule connue aujourd'hui, est la *Partie de chasse*, de Collé. Le jour où il l'écrivit, l'insouciant chansonnier ébaucha comme en se jouant une œuvre supérieure à celle de bien d'autres poètes plus prétentieux ; il imitait un opéra comique de Sedaine, *le Roi et le Fermier*, représenté en 1762, mais combien il a surpassé son modèle ! Pour tous deux la donnée est la même : un prince égaré à la chasse arrive chez des paysans, s'abaisse jusqu'à eux de bonne grâce, et apprend ainsi par hasard le crime d'un seigneur qu'il s'empresse de punir. Mais Collé a mieux étudié, mieux exploité le sujet ; il a su faire sortir de la situation tous les heureux détails qu'elle contenait en germe ; et, d'ailleurs, pour obtenir l'avantage, ne lui suffisait-il pas de substituer au monarque anonyme de Sedaine le héros favori de la nation ?

Négligeant l'unité de lieu, Collé nous montre Henri IV, d'abord au milieu de sa cour, puis chez les paysans qui le prennent pour un simple gentilhomme. A la cour, une intrigue menace Sully, son ancien, son fidèle compagnon d'armes ; le roi et le ministre se boudent comme deux vieux amis. Enfin ils s'expliquent ; Henri écoute son cœur, parle avec bonté, s'attendrit, presse Sully dans ses bras, et termine la réconciliation par cette parole si noble qu'a conservée l'histoire : « Relevez-vous ; ces gens-là qui nous voient, mais qui n'ont pas entendu ce que nous disions, vont croire que je vous pardonne. » La paix une fois faite, le bon prince se laisse gronder, et accepte les reproches sans humeur. Bien différent des rois de tragédie, Henri connaît et pratique l'amitié ; n'est-ce pas déjà un précieux éloge ?

S'il est aimé de Sully, il est adoré de son peuple, comme l'attestent mille détails touchants. Ce sentiment inspire entre autres un mot charmant de naïveté. Margot n'a jamais vu le roi ; mais, à son avis, il doit être beau ; il est si bon ! Telle est, en effet, sa qualité maîtresse et séduisante : « Notre bon roi, » il n'a pas d'autre nom. Aussi, que ne donnerait-on pas pour lui ? Les paysans vont jusqu'à se faire gardes-chasse volontaires ; ils protégent contre les braconniers le gibier des forêts royales, et sont heureux de veiller ainsi sur les plaisirs d'un maître chéri. Tous ces témoignages d'affection, Henri inconnu les recueille par hasard, au naturel et sans flatterie ; il en est ému jusqu'aux larmes, comme Ulysse entendant chez les Phéaciens le poète qui célèbre sa gloire.

Ses qualités populaires se développent à merveille pendant le séjour chez le meunier Michau ; c'est une série de scènes agréables, pleines d'une vérité familière que la comédie ne connaissait guère alors. Séparé de la chasse, le roi a pris gaîment son parti, et va sans crainte à l'aventure. Quel danger pourrait le menacer? L'amour de ses sujets lui est un rempart assuré. Arrivé chez le meunier, il oublie son titre de roi, et, pour quelques instants, redevient homme avec bonheur. Son appétit amuse, sa simplicité enchante; la verve avec laquelle, le verre en main, il tient tête au « papa Michau, » son empressement galant auprès de mademoiselle Catau, tout enfin, jusqu'au souvenir attendri de la « charmante Gabrielle, » rappelle le type consacré du Vert-Galant, du Diable-à-Quatre. Collé vengeait la royauté des invectives tragiques.

Cependant la pièce déplut en haut lieu, et fut interdite à Paris; elle n'en fut pas moins connue, il est vrai, car, outre les troupes de province, la foule des amateurs pouvait la représenter à l'aise sur les théâtres de société, et les princes du sang donnèrent l'exemple. Une fois même, en 1770, les acteurs envoyés à Châlons, au devant de la Dauphine, jouèrent la *Partie de chasse*, comme pour enseigner à la jeune princesse le secret de gagner les cœurs dans sa nouvelle patrie. Mais, pour Paris, la défense resta formelle, et il fallut attendre un autre règne. Collé, bien à son insu, avait fait œuvre d'opposition.

Cette antipathie du souverain nous semble étrange; elle était pourtant motivée.

Jusqu'alors un roi de France, ou du moins un

roi aussi moderne qu'Henri IV, n'avait pas paru sur le théâtre. Louis XV eût cru compromettre la majesté du trône en laissant représenter son aïeul, non dans une œuvre héroïque et solennelle, mais dans des scènes comiques, au milieu de paysans qu'il traitait comme ses égaux. Un prince n'était-il pas souillé par le contact d'un si vil entourage? Tel était le motif avoué, officiel, et gardons-nous de ne voir là qu'un prétexte. Dans le cours de son existence aventureuse, le Béarnais avait vu de près les gens du peuple, et appris à ne pas craindre leur abord. Enfant, il avait joué avec eux; plus tard, lorsqu'en vrai paladin errant, escorté de quelques chevaliers aussi pauvres que lui, il bataillait pour conquérir son royaume, souvent il s'était arrêté au hasard, là où la nuit le surprenait, dans la première cabane venue. Mais depuis, la royauté, devenue cérémonieuse, s'était renfermée et isolée dans l'étiquette. Cette communication intime avec le peuple, si nécessaire à la vraie politique, ses successeurs l'avaient évitée, Louis XIV par orgueil, Louis XV par méfiance; ce dernier tremblait quelquefois à la rencontre subite d'un inconnu, et l'on sait combien il craignait de se montrer à Paris. Ainsi les mœurs de la royauté s'étaient transformées; le héros de Collé fut jugé trop sans-façon.

Voici peut-être une autre cause plus intime et plus vraie : quelles réflexions pénibles, quel cruel retour sur lui-même devait inspirer à Louis XV ce portrait d'un prince adoré de tous !

Jadis, lorsqu'il avait connu l'anxiété de la France pendant sa maladie à Metz, et les incroyables transports de joie qui saluèrent la nouvelle de sa convalescence, il s'était écrié de bonne foi : « Qu'ai-je fait pour être aimé ainsi ? » Et depuis, qu'avait-il fait pour remercier son peuple d'une si confiante affection ? Il en éprouvait parfois des remords, et répétait amèrement dans sa vieillesse : « Louis le Bien-Aimé est devenu le Bien-Haï. »

Compromise et avilie par lui, la royauté retrouva, à l'avénement de son successeur, une force et une popularité momentanées. Sans parler des espérances souvent déçues, mais sincères, que provoquait toujours un nouveau règne, on admirait en Louis XVI des qualités réelles. La pureté de sa vie, ses vertus domestiques et bourgeoises, qui avaient étonné la cour, promettaient la fin du pouvoir scandaleux des favorites. On le savait ami du peuple et compatissant pour toutes les souffrances. S'il n'avait pas encore fait preuve de capacité politique, on pouvait croire que la faute en était aux circonstances qui l'avaient relégué à l'écart, presque en disgrâce ; enfin, les noms estimés des ministres dont il s'entoura d'abord faisaient attendre de l'initiative royale la solution pacifique et progressive du terrible problème des réformes. L'opinion publique espérait tout, car elle ne connaissait pas encore le défaut incurable, l'étrange faiblesse de volonté qui fit le malheur de ce prince.

Ce sentiment unanime de confiance ne manqua

pas de se manifester au théâtre. Pendant le deuil de la cour, tous les spectacles avaient été fermés pour un mois. Lorsqu'on put jouer de nouveau, les acteurs de l'Opéra-Comique choisirent, pour leur première représentation, le *Déserteur* de Sedaine, afin que le cri de Vive le roi! qui termine la pièce, fût répété par la salle. De même, les comédiens français cherchèrent dans leur ancien répertoire une tragédie prêtant aux allusions, et se décidèrent pour celle d'*Héraclius*, où ce vers

Montrons Héraclius au peuple qui l'attend,

devait permettre aux spectateurs d'exprimer leur enthousiasme.

La France attendait un nouvel Henri IV, comme le témoignent ce mot écrit au bas de la statue du Pont-Neuf, *Resurrexit*, et les premiers vers de ce quatrain satirique :

Enfin, la poule au pot sera donc bientôt mise ;
On doit du moins le présumer ;
Car depuis deux cents ans qu'on nous l'avait promise,
On n'a cessé de la plumer.

La comédie de Collé était donc faite pour plaire au nouveau prince; elle se joua dès lors librement. On voulut même l'imiter, ou, plutôt, on en fit une contrefaçon maladroite dans l'opéra-comique du *Siége de Paris*; tout était copié, l'incognito du roi, le repas. Les paroles empruntées à l'histoire furent naturellement trouvées excellentes, mais il n'en fut pas de même de celles que l'auteur avait prêtées à son héros. Le public resta froid; il fut surtout choqué d'entendre Henri IV chanter son plan de bataille, et le malencontreux poète du Rosoy n'eut pas même auprès de la cour le mérite de l'intention; on fut scandalisé du portrait ridicule dans lequel il avait défiguré un grand roi [1].

Pendant ces premiers jours d'espérance universelle, et tant que dura l'illusion, il y eut comme une trêve entre les écrivains et le pouvoir; la tragédie suspendit ses attaques, parfois même elle célébra les heureux débuts du règne par des vers de circonstance.

Dans son *Adélaïde de Hongrie*, Dorat faisait ainsi parler Pépin-le-Bref [2]:

> J'ai déjà réprimé ces hardis novateurs,
> Vrais fléaux des Etats, et crus leurs bienfaiteurs.
> Je rends aux tribunaux leur auguste exercice....

C'est le rappel des Parlements, et les dangereux novateurs, flétris par le premier des Carlovingiens, s'appellent d'Aiguillon, Terray, Maupeou. Cette bonne entente dura quelque temps. En 1776, Chamfort dédiait à la reine sa tragédie de *Mustapha et Zéangir*, qui fut jouée deux fois à la cour, et qui méritait cet honneur par quelques flatteries bien tournées.

---

[1] Il parut encore dans le même genre la *Reddition de Paris*, par Desfontaines. Pièce assez faible, recueil de bons mots historiques, dit le *Journal de Bachaumont* (1780).
[2] Acte I, Scène 4.

Racontant une intrigue de sérail, l'inimitié de deux princes du même sang qui se disputent le pouvoir à la manière orientale, l'auteur félicitait Louis XVI de son affection pour ses deux frères. Mais il ne renonçait pas, pour cela, aux imprécations ordinaires contre le despotisme; il vantait les qualités personnelles du prince plutôt que les mérites de la monarchie. Ainsi, la réconciliation était conditionnelle; les philosophes désarmaient un moment sans abjurer leurs opinions, et les hostilités allaient bientôt reprendre; nous avons vu jusqu'où elles furent portées.

CHAPITRE IV

LE PRÊTRE ET LA RELIGION DANS LES TRAGÉDIES
DE VOLTAIRE.

Si ardentes que nous paraissent les invectives de la tragédie contre le pouvoir absolu, la lutte religieuse fut encore plus vive. En politique, les écrivains étaient naturellement divisés, et quelquefois les plus indépendants se crurent obligés à la flatterie. Pour attaquer la religion, ils étaient au contraire unanimes. Que signifiait, d'ailleurs, dans son acception nouvelle, ce titre même de philosophes dont ils se paraient à l'envi? Que signifiait-il, sinon incrédulité absolue, haine du prêtre et de la domination sacerdotale?

On a dit que, placé entre deux époques de discussion libre et passionnée, le XVIIe siècle avait été comme une trêve séparant deux jours de bataille. Rien de plus juste. Mais, pendant la durée de cette trêve, tous n'avaient pas désarmé. Nous ne parlons ni des Réformés, ni de Port-Royal, ni des membres de l'Eglise qui refusaient de se plier à l'inflexible unité de la discipline romaine ; à côté de ceux qui s'enflammaient pour ces querelles religieuses, combien se découvre-t-il encore d'athées ou de sceptiques. Lorsque Bossuet prend à partie les libertins, l'insistance avec laquelle il les accuse et les condamne trahit une secrète inquiétude sur l'avenir. La Bruyère croit devoir réfuter la doctrine des esprits forts, et explique la dévotion des courtisans par le seul désir de plaire au maître. Fénelon, à son tour, parle d'un bruit sourd d'impiété qui vient frapper ses oreilles ; en effet, l'explosion était prochaine.

Dès son enfance, Voltaire avait été introduit dans une de ces sociétés qui unissaient le libertinage de l'esprit à celui des mœurs, et là devaient se développer à l'aise les dispositions précoces que ses maîtres, les Jésuites de Louis-le-Grand, avaient déjà remarquées avec effroi. Chaulieu, la Fare, le prince de Conti, le grand prieur de Vendôme avaient groupé autour d'eux comme une secte d'incrédules. Le jeune Arouet fut leur disciple. Mais il se distinguait par le désir de proclamer bien haut des opinions jusqu'alors dissimulées dans l'ombre ou timidement avouées. En cela, il n'était pas épicurien.

Dès le début, il donna sa profession de foi dans *Œdipe*[1] : c'était l'impiété provoquante, raisonnée.

> Ils approchent des dieux, mais ils sont des mortels.
> Pensez-vous qu'en effet, au gré de leur demande,
> Du vol de leurs oiseaux la vérité dépende ?

[1] Acte IV, Scène 1.

> Que sous un fer sacré des taureaux gémissants
> Dévoilent l'avenir à leurs regards perçants,
> Et que de leurs festons ces victimes ornées
> Des humains dans leurs flancs portent les destinées ?
> Non, non ; chercher ainsi l'obscure vérité,
> C'est usurper les droits de la divinité.
> Nos prêtres ne sont point ce qu'un vain peuple pense ;
> Notre crédulité fait toute leur science.

Dans la pièce grecque, Jocaste exprime aussi quelques doutes ; sa dernière ressource est d'espérer que l'oracle fatal sera peut-être démenti, illusion bien naturelle ! Quelque sévères que fussent les Athéniens, jamais ils n'accusèrent Sophocle d'impiété. Mais l'intention de Voltaire était visible, et le plus aveugle ne pouvait s'y méprendre.

La divinité fut elle-même attaquée : c'est par un blasphème que se termine la pièce. Voltaire emprunte à l'antiquité païenne une de ses plus terribles légendes ; mais ni lui, ni ses contemporains ne peuvent partager le sentiment religieux qui l'avait inspirée. Qu'est devenue pour des Français du xviiie siècle la croyance à cette force mystérieuse, irrésistible, qui pousse au crime, de génération en génération, les enfants des familles tragiques ? Et l'ancien dogme une fois écarté, que reste-t-il au fond de cette fable ? Un caprice des Dieux qui ont décidé dans leur sagesse qu'Œdipe sera le meurtrier de son père et l'époux de sa mère. La race maudite ne peut fuir sa destinée ; tout effort est inutile. Si, pour démentir l'oracle, Œdipe s'échappe de Corinthe, son malheur l'amène à Thèbes, où l'attendent le parricide et l'inceste. Est-il coupable ? Oui, répondaient les Grecs. Non, répond Voltaire ; les coupables sont les Dieux qui ont souillé deux innocents : de là l'imprécation finale.

J'ai fait rougir les Dieux qui m'ont forcée au crime !

La conscience du philosophe protestait ainsi contre l'atrocité du sujet choisi par le poète.

Malgré le succès de ce premier défi, plusieurs années s'écoulèrent avant qu'il fût renouvelé. L'effort de Voltaire se portait ailleurs : c'est pour l'épopée qu'il réservait alors toute sa philosophie. Dans la période qui suivit son retour de l'exil, et qui fut la plus belle partie, la plus heureuse, de sa carrière dramatique, il reprit la lutte avec des armes nouvelles. Ses idées ne s'étaient pas modifiées ; le besoin de les propager le tourmentait encore ; mais il sut s'exprimer avec plus d'adresse et de prudence. Tandis que la portée des vers d'*Œdipe* n'avait échappé à personne, on put se méprendre au sujet de *Zaïre*, d'*Alzire* et même de *Mahomet*. Il parvint à plaire aux philosophes sans irriter leurs adversaires, à enseigner l'incrédulité alors même qu'il paraissait respecter la religion.

Zaïre passa longtemps pour une tragédie chrétienne ; elle était jouée fort souvent, dit l'auteur lui-même, à la place de *Polyeucte*. Tragédie chrétienne, si l'on veut, puisque la religion y tient une si grande place, et que Fatime, Nérestan, Lusignan prononcent de si beaux vers pour décider Zaïre au baptême. Telle est peut-être l'apparence ;

mais entre Corneille et Voltaire, quel abîme ! L'un nous fait admirer l'héroïsme du martyre, et nous apprend que la religion est tout, que les biens terrestres, l'amour, la vie, doivent être sacrifiés à l'amour divin. L'autre nous attendrit sur les faiblesses humaines. C'est la passion qui domine dans *Zaïre* ; la religion ne figure que comme ressort tragique, indispensable pour produire les péripéties d'où résultera le malheur des deux amants. Aux yeux de la plupart des spectateurs, l'intervention de Lusignan, ses efforts pour ramener sa fille à la foi de ses ancêtres, n'étaient qu'un contre-temps nécessaire ; et Nérestan fut tout simplement traité de fanatique. Certes, tous deux sont nobles, généreux, chevaleresques ; mais Orosmane ne l'est pas moins ; il s'élève au-dessus des haines de race et de religion, il sait pardonner à ses ennemis, et briser sans rançon les fers de ses prisonniers. En un mot, ce Sarrasin est un peu philosophe. Quant à Zaïre, elle n'a d'autre Dieu qu'Orosmane. Si, après une hésitation douloureuse, elle consent à redevenir chrétienne, c'est moins par conviction que par devoir, par obéissance aux dernières volontés d'un père qu'elle vient de retrouver pour le perdre. Dès le début d'ailleurs, elle professe les opinions les plus libres, et à l'entendre parler des différents cultes, il semble que tous aient la même valeur à ses yeux.

> Mon cœur qui s'ignore
> Peut-il admettre un Dieu que mon amant abhorre ?
> La coutume, la loi plia mes premiers ans

> A la religion des heureux musulmans.
> Je le vois trop ; les soins qu'on prend de notre enfance
> Forment nos sentiments, nos mœurs, notre croyance.
> J'eusse été près du Gange esclave des faux dieux,
> Chrétienne dans Paris, musulmane en ces lieux.

Et la tragédie de *Zaïre* était une œuvre édifiante ! il fallait que le sentiment religieux se fût déjà bien affaibli. Aucun indice n'atteste mieux les progrès de la philosophie.

Alzire fut également citée comme œuvre chrétienne ; n'est-ce pas là, en effet, que se trouvent ces vers célèbres ? [1]

> Des dieux que nous servons connais la différence ;
> Les tiens t'ont commandé le meurtre et la vengeance ;
> Et le mien, quand ton bras vient de m'assassiner,
> M'ordonne de te plaindre et de te pardonner.

Lorsque Voltaire voulait flatter le pouvoir, ou se faire pardonner quelque imprudence, il s'abritait derrière ce souvenir ; ne pouvait-il pas en effet se vanter d'avoir composé les plus beaux vers que la religion eût inspirés dans ce siècle ? Longtemps avant la représentation, il écrivait à d'Argental (novembre 1734) « C'est une pièce fort chrétienne, qui pourra me réconcilier avec quelques dévots. » Ceux-ci parurent donc enchantés ; mais les philosophes ne l'étaient pas moins. Tous avaient-ils raison ?

Le beau caractère d'Alvarez, sa piété, ses vertus, sa douceur ; le repentir et le pardon sublime de

---

[1] *Alzire*, Acte V, Scène 7.

Gusman, alors si supérieur à son féroce rival, enfin la conversion espérée de Zamore, devaient frapper et séduire les spectateurs religieux. Les autres, à leur tour, pouvaient se dire : Alvarez est pieux, mais il est surtout tolérant ; il flétrit avec une éloquence indignée les cruautés commises par les Espagnols dans le Nouveau-Monde ; il rappelle que son Dieu est un Dieu de paix ; nous seuls, dit-il, sommes les barbares, et il repousse les conversions forcées [1].

> ....Les cœurs opprimés ne sont jamais soumis.
> J'en ai gagné plus d'un, je n'ai forcé personne,
> Et le vrai Dieu, mon fils, est le Dieu qui pardonne.

Voltaire oppose l'un à l'autre l'Européen et le sauvage. Celui-ci n'obéit qu'à ses instincts, se laisse dominer par la passion, tantôt généreux et loyal, tantôt cruel, perfide, vindicatif, c'est l'homme de la nature. Celui-là sait se posséder, oublier les injures, aimer ses ennemis : c'est l'homme transformé, purifié ; mais d'où viennent ses vertus, de la religion ou de la philosophie ? Ecoutons l'auteur lui-même : après avoir rappelé dans sa préface que pour un barbare la piété consiste à offrir à ses dieux le sang de ses ennemis : « Un chrétien mal instruit n'est souvent guère plus juste. Etre fidèle à quelques pratiques inutiles, et infidèle aux vrais devoirs de l'homme ; faire certaines prières, et garder ses vices ; jeûner, mais haïr, cabaler, persécuter, voilà

---

[1] *Alzire*, Acte I, Scène 1.

sa religion. Celle du chrétien véritable est de regarder tous les hommes comme ses frères, de leur faire du bien et de pardonner le mal. » *Chrétien véritable* est mis ici pour *philosophe*. Tel est Gusman au dernier acte. Mais tous ceux qui persécutent au nom du ciel les infortunés Péruviens, et Gusman lui-même jusqu'au moment de sa blessure, sont de mauvais chrétiens. Ainsi, dans la tragédie la plus religieuse qu'il ait jamais écrite, Voltaire a su encore glisser une leçon de tolérance. *Alzire* était, à l'en croire, un gage de réconciliation offert à ses adversaires ; on peut juger de sa sincérité. Si telles étaient ses tragédies religieuses, que devons-nous penser des autres ?

Mahomet fut dans ce genre son principal effort. *Mahomet* ou le *Fanatisme* : ce second titre révèle toute sa pensée. Voltaire semble s'attaquer à l'Islamisme seul ; mais ce qu'il conteste en réalité, c'est le surnaturel, c'est le principe de toute religion révélée, quel que soit son nom ou son origine. Aux yeux des philosophes du XVIIIe siècle, toute croyance était une duperie ; deux mots leur suffisaient pour tout expliquer, fourberie chez les uns, sottise crédule et superstition chez les autres. Ils ne voyaient rien au-delà. Voltaire ne faisait pas exception. Racontant la naissance d'une religion, il explique tout par les raisons les plus vulgaires ; un exemple suffira. Le dernier acte se termine par un faux miracle ; là où les peuples trompés croiront reconnaître une intervention surnaturelle, le spectateur averti ne verra qu'un nouveau crime du prophète. Victime de l'imposture, Séide a été fanatique et saintement parricide ; enfin désabusé, il accourt pour se venger, le poignard à la main, suivi d'une foule menaçante. Mahomet semble perdu. Tout à coup, au moment de frapper, son ennemi s'arrête, chancelle, puis tombe foudroyé : accident tout naturel, Séide a été empoisonné, nous le savons. Mais le peuple superstitieux qui s'était soulevé à son appel voit dans cette mort soudaine un effet de la colère divine. Tous les révoltés peuvent craindre un pareil sort ; tous se retirent terrifiés et convertis. Dès lors, la Mecque est soumise, et grâce à une série de forfaits, l'Islamisme est fondé !

L'admiration des philosophes s'explique sans peine. Pour eux, *Mahomet* fut, sans contredit, la meilleure tragédie de Voltaire, et même une des plus belles productions du génie de l'homme. Mais deux fois déjà le poète était parvenu à tromper ses adversaires en flattant les idées de ses amis : tous, chrétiens ou incrédules, étaient sortis satisfaits de *Zaïre* ou d'*Alzire*. Il espéra que la même ruse réussirait toujours. En effet, l'on s'arrêta d'abord aux apparences. L'Islamisme était condamné, dénoncé pour imposture ; le Christianisme devait donc applaudir à cette flétrissure d'une religion ennemie. Si l'on en croit Voltaire, le cardinal de Fleury approuva la pièce, et lorsqu'elle fut jouée à Lille, plusieurs prélats demandèrent qu'on en fît une représentation particulière chez l'intendant. Ils n'osaient se montrer à un spectacle public, et brûlaient de connaître cette édifiante tragédie.

L'erreur se dissipa bientôt ; le public de Paris ne fut pas dupe, et le scandale fit interdire les représentations. C'est alors que, pour sauver son œuvre, Voltaire essaya d'un stratagème imprévu, et osa dédier *Mahomet* au Saint-Père. On vit le poète se présenter comme un disciple soumis de l'Eglise, défenseur du vrai Dieu contre les Infidèles, et le pontife accepter la dédicace en homme d'esprit, envoyer même à « son cher fils » des médailles avec sa bénédiction apostolique. Mais tout ce que Voltaire imagina pour donner le change à l'opinion était inutile, l'interdiction dura dix ans, et ne fut levée que par d'Alembert, alors censeur.

Ainsi la philosophie, pareille à une plante parasite, envahissait peu à peu l'art dramatique au point de l'étouffer. Dans *Œdipe* et *Zaïre*, elle s'était contentée d'une place modeste ; quelques vers isolés lui avaient suffi. Certes, il y avait déjà invraisemblance, le caractère du sujet était méconnu, et la marche régulière du dialogue interrompue ; mais après cet écart passager, l'action reprenait son cours naturel. Dans *Alzire*, la philosophie se montre déjà plus exigeante ; elle contribue à dessiner les caractères, à combiner les différentes circonstances de l'action. Avec *Mahomet*, elle est maîtresse et règne sans partage : elle fait de la pièce entière une démonstration méthodique, une thèse ; fable, passions, caractères, tout lui est subordonné.

Déjà, il en avait été de même pour *Brutus ;* mais telle était alors la nature du sujet choisi par le poète, que plus il exprimait avec force les sentiments de liberté dont il voulait pénétrer ses auditeurs, plus il semblait se rapprocher de la vérité de l'histoire ou de la légende. Ici, au contraire, il altère l'histoire pour les besoins de sa cause ; il fait de son prophète un scélérat vulgaire, un imposteur, j'allais dire un charlatan méprisable et odieux. *Mahomet* n'a que mépris pour l'humanité, il est habile à exploiter les faiblesses, les préjugés, les superstitions populaires ; il est cynique et sans scrupule, cruel par plaisir quand ce n'est pas par intérêt ; haineux et raffiné dans sa vengeance au point de favoriser le penchant incestueux de Palmire et de son frère, au point de donner pour meurtrier à Zopire son propre fils. C'est là une exagération choquante.

Napoléon admirait ce conquérant ; il lui enviait surtout la gloire d'avoir en quelques années changé la face du monde : aussi a-t-il jugé sévèrement cette tragédie, non en chrétien scandalisé, mais en grand homme indigné de voir le caractère d'un de ses pareils travesti de la sorte, et sa mémoire « prostituée sur la scène. » Quant aux contemporains, ils se montrèrent moins difficiles. *Mahomet*, souvent imité, toujours admiré, fut pour eux le modèle de la tragédie irréligieuse, comme *Brutus* était celui de la tragédie politique.

Voltaire avait par la bouche d'*Œdipe* contesté le

caractère sacré du prêtre, avec *Zaïre*, enseigné que toutes les religions sont égales, avec Alvarez, flétri les persécuteurs; il avait enfin, dans son *Mahomet*, donné du surnaturel une explication purement humaine. Que lui restait-il à ajouter? Mais il ne se contentait pas de proclamer une fois ses doctrines; il voulait convaincre, et ne pouvait y parvenir qu'à condition de répéter sans cesse, de reproduire sous mille formes diverses, et avec des démonstrations nouvelles, les opinions précédemment énoncées. Il n'est donc pas sans intérêt de jeter un coup d'œil sur ses derniers ouvrages, et de constater combien s'accrut la témérité du philosophe, à mesure que l'inspiration du poète se ralentissait.

L'âge ne l'avait pas glacé; tout au contraire : « Je trouve, écrivait-il à d'Argental (27 novembre 1764), que plus on est vieux, plus on doit être hardi. » Je suis du sentiment du vieux Renaud qui disait qu'il n'appartenait qu'aux gens de quatre-vingts ans de conspirer. » Cependant, toutes les tragédies qu'il composa dans sa vieillesse, après son retour de Prusse, ne furent pas également belliqueuses. Quelques-unes, les meilleures, furent destinées à plaire, à émouvoir plutôt qu'à persuader. Ce sont celles qu'il composa comme par défi, pour fermer la bouche aux envieux et aux détracteurs qui affectaient de lui préférer un rival. On a maintenant quelque peine à croire que Crébillon, même après *Zaïre* et *Mérope*, fût encore considéré comme le premier tragique du siècle. Telle était pourtant l'opinion des écrivains, des gens du monde, et l'on sait que Mme de Pompadour déclarait hautement sa préférence pour l'auteur de *Rhadamiste*. Celui-ci vivait encore de son ancienne gloire. En faveur du passé, on admirait dans ses œuvres récentes des défauts monstrueux, une galanterie outrée, un style barbare, et un mépris inconcevable de l'histoire. Voltaire protesta contre cette injustice en reprenant l'un après l'autre, pour les traiter à son tour, les sujets manqués par son adversaire, que la comparaison écrasa. Ainsi furent composés *Sémiramis*, *Oreste*, *Rome sauvée*, et plus tard le *Triumvirat*. C'était assez pour lui de braver, outre ses ennemis habituels, la cabale des partisans fanatiques de Crébillon, sans irriter encore un certain nombre de spectateurs par des prédications intempestives. Aussi, dans les ouvrages que nous venons de citer, la philosophie ne se montre-t-elle qu'à de rares intervalles. Ce sont toujours les mêmes maximes. Par exemple, dans *Sémiramis*, ces paroles d'Assur[1]:

> Ah! ne consultez point d'oracles inutiles;.....
> Pour qui ne les craint point il n'est point de prodiges.
> Ils sont l'appât grossier des peuples ignorants,
> L'invention du fourbe, et le mépris des grands.

Jules César avait déjà exprimé cette idée, et Cati-

---

[1] Acte II, Scène 7.

lina la répétera. Voltaire tenait à la reproduire souvent, car les vers sont anciens. Ils avaient paru une première fois en 1732, dans *Eriphyle*.

Puis un portrait de prêtre qui semble flatteur tout d'abord :

>..... Obscur et solitaire,
> Renfermé dans les soins de son saint ministère,
> Sans vaine ambition, sans crainte, sans détour,
> On le voit dans son temple, et jamais à la cour.
> Il n'a point affecté l'orgueil du rang suprême,
> Ni placé sa tiare auprès du diadème ;
> Moins il veut être grand, plus il est révéré.

Pareil éloge est rare dans sa bouche ; toutefois ne nous hâtons pas trop de le féliciter : ces compliments à l'adresse d'Oroès cachent encore une leçon et un sarcasme.

Dans les œuvres qui vont suivre, la philosophie reprend la première place, et avec elle tous les défauts que nous avons signalés reparaissent plus choquants que jamais. Ils ne sont plus même, comme autrefois dans *Mahomet*, dissimulés ou atténués par l'intérêt dramatique. La poésie est morte. L'auteur raisonne, disserte, argumente, au lieu d'effrayer ou d'attendrir. Jamais il ne composa de tragédies plus philosophiques ; jamais il ne fut moins applaudi.

Trop souvent même cette philosophie dégénère en polémique, et sous des noms anciens il est facile de reconnaître, non-seulement les idées, mais les choses et les personnes du jour. Dès lors Voltaire trouve plus de lecteurs que de spectateurs. Si l'on refuse de le jouer, si seulement on hésite, il fait imprimer sa pièce, appelle la prose au secours de ses vers affaiblis, et devient son propre commentateur. Les notes valent mieux que le texte, ou plutôt le texte est fait pour les notes : elles sont pleines d'une érudition capricieuse et satirique.

Ainsi fut composée *Olympie*. Le temple d'Ephèse, avec ses prêtresses et ses initiés, représente un véritable couvent. La veuve d'Alexandre, Statira, et sa fille, trouvent là un asile assuré sous la protection d'un digne prêtre, l'hiérophante, « que tout le monde doit aimer, catholiques, huguenots, luthériens ou déistes, » (Lettre à d'Argental, 13 avril 1763) et qui professe en effet la plus large et la plus généreuse tolérance. Aux vertus de ce personnage, l'auteur oppose dans ses notes la férocité fanatique de Joad.

Les *Guèbres* ne furent jamais joués ; mais ils parurent avec une longue préface sur le rôle du prêtre dans *Athalie*. La tragédie entière n'était qu'un sermon sur la liberté de conscience, et le poète eut beau protester contre les applications qu'on voudrait faire au temps présent ; combien il eût regretté d'être pris au mot ! La persécution était mise en scène avec toutes ses horreurs : on voyait le paganisme, culte officiel, religion d'Etat, faisant une guerre atroce à la croyance plus douce, plus simple, et presque rationnelle des *Guèbres*; ceux-ci humbles, soumis, vertueux, excellents citoyens, ne demandant qu'à vivre en paix [1].

> Hélas ! pour adorer le Dieu de mes ancêtres,
> Il me faut donc mourir par la main de vos prêtres !

Aucun détail n'était négligé pour rendre l'intolérance plus odieuse ; ainsi Voltaire parle quelque part de la liberté du théâtre anglais, sur lequel il avait vu représenter un cardinal qui meurt en athée. Telle est la fin édifiante de son prêtre de Jupiter [2].

> Il blasphémait ses dieux qui l'ont mal défendu,
> Et sa mort effroyable est digne de sa vie.

Les *Lois de Minos* ne furent jouées qu'à Lyon ; toujours la persécution flétrie, les sacrifices humains, le « temple homicide ». Mais ni les *Lois de Minos*, ni les *Pélopides*, ni cette *Irène* dont la complaisance du public fit pour l'auteur un dernier triomphe, ne doivent nous arrêter. Un dernier exemple nous fera juger de l'ardeur passionnée qu'il apportait dans cette lutte. Il faisait arme de tout. L'opéra était alors un genre voisin de la tragédie ; c'étaient souvent les mêmes sujets empruntés à la fable, avec le merveilleux et la musique en plus. Voltaire voulut y faire pénétrer la philosophie. Par malheur, il ne pouvait à lui seul compo-

---

[1] Acte I, Scène 5.
[2] Acte V, Scène 4.

ser une œuvre lyrique ; un musicien était nécessaire, et il en trouva rarement. Son premier ouvrage en ce genre, grande hardiesse alors ! était emprunté à la Bible. Plus tard, dans *Tanis et Zélide*, il représenta, comme toujours, des mages cruels et sanguinaires. Enfin *Pandore* était une allégorie sur la chute de l'homme, opéra philosophique si jamais il en fût, « et qu'on aurait dû jouer devant des Bayle et des Diderot. » Il ne fut joué devant personne. La longueur du récitatif effraya Rameau, et le péché originel ne fut pas mis en musique.

CHAPITRE V

TRAGÉDIES IMITÉES DE VOLTAIRE. — PRÊTRES DU PAGANISME. — SACRIFICES HUMAINS.

Dès que Voltaire eut engagé la lutte contre les rois, nombre d'auteurs dramatiques répondant à son appel, étaient devenus aussitôt ses alliés. Mais ces adversaires déterminés du pouvoir absolu hésitèrent à le suivre sur le terrain brûlant de la discussion religieuse. Parmi ses confrères tragiques de la première moitié du siècle, il ne se trouvait pas, à proprement parler, de philosophes. Les sentiments religieux de Crébillon étaient connus; Lamotte avait failli prononcer ses vœux, et l'on sait qu'il consacra à des poésies édifiantes les années de sa vieillesse; quant aux autres, si tous n'étaient pas des chrétiens sincères, du moins tous partageaient l'avis du discret Fontenelle, et leur main eût-elle été « pleine de vérités », qu'ils auraient comme lui hésité à l'ouvrir.

Tous ces auteurs dont la vieillesse de Louis XIV

où la Régence avait vu les débuts, et qui font comme la transition d'une époque à l'autre, cultivaient encore la poésie pour elle-même : Corneille, Racine étaient leurs modèles. Vers 1750, le théâtre est envahi par une autre génération jeune et ardente, capable de tout oser et de tout dire. Ces nouveaux venus sont dominés par une préoccupation politique; la littérature est pour eux un moyen, un levier avec lequel ils prétendent soulever le monde. Voltaire est leur idéal. Tous sont plus ou moins ses imitateurs, quelques-uns ses fidèles disciples. Marmontel, Laharpe, Saurin, Lemierre ont été protégés, formés, échauffés par lui; les autres, éblouis de sa gloire, convertis à ses idées, s'enrôlent volontairement sous son drapeau. Pour le patriarche de Ferney, le temps des grands succès dramatiques est passé; c'est par ses élèves qu'il continue à régner sur la scène. Mais avec son ardeur il ne leur a pas légué son talent, et l'on peut dire de ses successeurs tragiques comme des maréchaux qui remplacèrent Turenne. « C'est la monnaie de M. de Voltaire. »

En 1752, Marmontel fait jouer les *Héraclides* : on dirait une mauvaise tragédie du maître. Quelques années après la *Mort d'Hercule;* Déjanire et sa fille Olimpie, menacées par l'implacable Eurysthée qui veut anéantir la race du héros, ont trouvé un refuge dans Athènes, où règne Démophon, fils de Thésée. La haine les poursuit jusque-là. Leur ennemi les réclame; et plutôt que de renoncer à sa proie, il fera la guerre. Conduits par un prince aussi brave que Sténélus, fils de Démophon, les Athéniens pourraient vaincre ; mais les Dieux interviennent, ils semblent se joindre aux persécuteurs de l'innocence. Pour protéger Athènes, Cérès exige, paraît-il, une victime, une fille d'un sang illustre ; tel est du moins l'oracle rendu par le grand-prêtre, en des termes qui désignent assez clairement la fille d'Hercule. Aussi que d'injures proférées contre l'interprète de la volonté divine ! Déjanire surtout le maudit, sa tendresse maternelle ne ménage plus rien ; elle dit à sa fille :

> Hélas ! où te verrai-je ?
> Est-ce sur cet autel impie et sacrilége,
> Où des prêtres cruels vont déchirer ton sein ?

Puis elle s'adresse à Démophon :

> N'osez-vous démentir un oracle odieux ?
> Eh quoi ! Si dans leur temple un fourbe assez farouche
> Prête son âme au Dieu que fait parler sa bouche,
> Est-ce à vous d'écouter son horrible fureur ?
> Il reste une hydre à vaincre, et cette hydre est l'erreur ;
> Oser la terrasser ; cette seule victoire
> De Thésée et d'Hercule effacera la gloire.

Le roi, plus réfléchi, ne croit pas que si peu d'instants suffisent pour arracher un peuple à sa superstition : l'opinion, dit-il, est l'ouvrage du temps, malheur aux souverains qui l'ont pour ennemie. Mais Déjanire ne veut rien entendre ; elle croit tout possible à l'amour et au désespoir ; elle veut accompagner sa fille à l'autel, se faire frapper la première, et se flatte de provoquer ainsi dans la foule un cri d'horreur qui sauvera peut-être Olimpie, en arrêtant la main du sacrificateur prêt à frapper. Cette situation rappelle l'*Iphigénie* de Racine. Mais lorsque Clytemnestre apprend le sort réservé à sa fille, pas une impiété ne lui échappe au milieu de ses imprécations maternelles, et si elle conteste le sens que l'on veut donner aux paroles de Calchas, l'événement lui donnera raison :

> Un oracle dit-il tout ce qu'il semble dire ?
> Le ciel, le juste ciel, par le meurtre honoré,
> Du sang de l'innocence est-il donc altéré ?

Toute sa fureur se tourne contre Agamemnon, qui peut sauver sa fille, pourvu que son ambition renonce à diriger la guerre de Troie. Ici, ni Déjanire, ni Olimpie, ni Démophon ne redoutent la vengeance des Dieux outragés ; ils ne craignent que la barbarie d'un peuple fanatisé, capable d'immoler lui-même la victime. Tous ces personnages considèrent l'oracle comme une fourberie, et ils n'ont pas tort. Au moment où va s'engager la bataille qui sera le signal du sacrifice, un esclave vient tout révéler au fils du roi:

> J'apprends que de Cérès le sacrificateur,
> L'interprète des Dieux, n'est qu'un lâche imposteur,
> J'apprends qu'avec Coprée il est d'intelligence,
> Que du tyran d'Argos il remplit la vengeance.

Alors le traître confondu se frappe lui-même du

couteau destiné à Olimpie, et la vue de celle-ci, que Sténélus amène sur son char, exalte tous les courages ; la fille d'Hercule donne la victoire à l'armée d'Athènes.

Numitor est du même auteur ; bien qu'on y trouve encore un prêtre, il n'est pas question de sacrifices humains, et même, concession bien rare pour l'époque, ce prêtre est honnête homme : il a sauvé le vieux roi d'Albe dont les jours étaient menacés par l'usurpateur Amulius, et l'a recueilli dans l'asile inviolable de son temple. Mais la légende qui ennoblit le berceau de Rome, et fait du Dieu des combats le père du fondateur de la ville conquérante, est ici bien amoindrie et ramenée à des proportions humaines. Ce n'est pas Mars qui a rendu mère la vestale Ilie, c'est un simple mortel, Amulius,

> Qui, sous le nom d'un Dieu dans un temple introduit,
> Abusa lâchement d'un cœur faible et séduit.

Lorsque Romulus, d'abord trompé sur son origine, apprend de la bouche même de son père combien elle est plus humble, il se console sans peine : n'étant pas Dieu de naissance, il essaiera de le devenir par ses exploits. D'ailleurs, le secret sera bien gardé. Amulius, frappé à mort, reparaît sur la scène pour donner à son fils le beau conseil de ne rien divulguer :

> Laisse-moi, dans la nuit du tombeau,
> Renfermer en mourant ma funeste aventure ;
> Ton origine importe à ta grandeur future.

Ilie et Numitor ne seront pas moins discrets, et le pauvre vulgaire, toujours trompé, continuera de croire à la naissance surnaturelle du premier roi de Rome ; encore un miracle expliqué comme ceux de *Mahomet.*

Iphigénie en Tauride, par Guimond de la Touche, fut une des œuvres les plus applaudies de cette époque, et il faut reconnaître qu'elle révèle à certains moments un talent véritable ; l'auteur donnait de belles espérances que démentit une mort prématurée. Guimond de la Touche avait d'abord été jésuite ; sentant venir le doute, il profita de ce qu'il n'avait pas pris les derniers engagements pour rentrer dans le siècle, et devint par la suite un des plus ardents philosophes. Le sujet de tragédie qu'il empruntait à Euripide pouvait convenir à son incrédulité récente. Prêtresse de Diane, contrainte par le cruel Thoas à immoler les étrangers que la tempête lui envoie, Iphigénie, qui plus que toute autre a le droit de ne pas aimer les sacrifices humains, maudit son ministère et la superstition du roi.

> Que peut-on sur un cœur en proie à l'imposture,
> Que sa religion et la crédulité
> Remplissent d'épouvante et de férocité ?
> Grands Dieux, si cependant votre gloire s'oppose
> A ces meurtres sacrés qu'un faux zèle m'impose ;
> Du sang des malheureux si ces autels baignés
> Sont un objet d'horreur à vos yeux indignés,
> Daignez alors, daignez descendre dans mon âme.....

Oreste, lorsqu'il attend la mort, peut aussi protester avec véhémence contre une coutume impie ; mais n'est-il pas extraordinaire qu'Iphigénie, vouée au culte de Diane, ne croie ni aux oracles, ni à la sincérité de ceux qui les rendent ?

> Ah ! Cet oracle obscur autant qu'épouvantable,
> Pour le malheur du monde est-il si véritable ?
> Ceux qui vous l'ont rendu n'ont-ils pu vous flatter ?
> Au gré de votre cœur n'ont-ils pu le dicter ?
> Les ministres des cieux sont-ils incorruptibles ?
> D'erreur ni d'intérêt ne sont-ils susceptibles ?
> Hélas ! Pour approcher des Dieux et des autels,
> En ressemblons-nous moins au reste des mortels ?
> Je ne veux point ici pousser plus loin le doute
> Sur ces décrets confus que votre âme redoute ;
> Mais la raison du moins doit les interpréter ;
> C'est l'oracle qu'il faut avant tout écouter.

Ainsi parlait un ancien prêtre, à la grande joie des philosophes. Le ton était donné, et l'on vit dès lors peu de tragédies où les ministres de n'importe quelle religion païenne ne fussent affublés du rôle le plus odieux. Si parfois ils ne paraissaient pas sur la scène, leur nom était du moins accompagné des plus vilaines épithètes : Fourbes, forcenés, et le reste. Dans la *Briséis* de Poinsinet de Sivry, qui n'est qu'un chant de l'Iliade absurdement travesti, Ulysse s'exprime en ces termes :

> J'ai su l'environner des oracles trompeurs
> Dont Calchas à mon gré sème ici les erreurs.

Pour Calchas, passe encore. Mais Colardeau, l'auteur de *Caliste*, ne parle pas mieux de son prêtre Frégose, et nous sommes loin des anciens ; la scène est placée à Gênes, au moyen âge ; il est vrai que Frégose ne se montre pas aux spectateurs ; mais il participe à l'action, c'est même le traître de la pièce.

> Ministre audacieux, du haut de ses autels,
> Il inspire la crainte aux timides mortels.
> Le fourbe tonne au nom du Dieu qui le condamne ;
> A l'abri d'un pouvoir moins sacré que profane,
> Ce monstre fait servir à son ambition
> Les dehors imposants de la religion ;
> Le crédule Génois tremble sous l'anathème.

Quelquefois même, on put voir au théâtre le prêtre armé d'un poignard, non pour le sacrifice, mais pour l'assassinat. Puis des vers isolés, un rôle épisodique ne furent plus suffisants ; certains poètes composèrent sur ce thème des tragédies entières, et l'autorité qui interdisait les *Guèbres* souffrit la représentation des *Druides*. Le Blanc de Guillet, l'auteur de ce dernier ouvrage, fut un des plus passionnés, mais un des plus malheureux de ces poètes philosophes. Sceptique à l'égal de Voltaire, républicain comme Rousseau, il osait refuser les faveurs du ministère, et la hardiesse de ses écrits lui suscita bien des ennemis. Déjà il s'était fait connaître par une tragédie au nom bizarre, sur laquelle nous aurons à revenir, et par un vers vraiment formidable.

> Crois-tu de ce forfait Manco-Capac capable ?

Mais il était de ceux qui savent supporter le ridicule, et pour un temps, *les Druides* firent de lui le héros du parti encyclopédiste. On imagine sans peine comment il y parlait de la théocratie. « C'était, dit Laharpe dans sa *Correspondance littéraire*, une bonne cause mal plaidée ; mais on sut gré à l'auteur de l'intention, d'autant plus volontiers que le clergé criait beaucoup contre l'ouvrage. » Le Blanc avait pris toutes ses précautions en homme prudent ; il avait fait examiner et approuver sa tragédie par un censeur compétent, que l'on ne pouvait soupçonner de complaisance, l'abbé Bergier, l'apologiste de la religion chrétienne. Mais l'archevêque de Paris intervint en personne, puis l'abbé Bergier vint se plaindre à son tour, au grand désappointement de ceux qui avaient compté sur une brillante victoire. *Les Druides* furent donc suspendus après la douzième représentation, l'impression en fut même prohibée, et les éloges excessifs de ses amis purent seuls consoler le poète qui avait « plaidé la cause du genre humain. » Quoiqu'on eût hautement repoussé tout reproche d'arrière-pensée et d'allusion, les correspondances de ce temps nous apprennent la pensée secrète du parti. « Le sujet de cette pièce est beau, écrivait à Voltaire un connaisseur (Condorcet probablement). C'est l'abolition des sacrifices humains dont nos ancêtres se rendaient coupables. On la jouera le Mercredi des Cendres, et, en attendant mieux, vous aurez le plaisir de voir sur le théâtre un peuple détrompé qui chasse ses prêtres et brise les autels arrosés de son sang. » Voltaire, qui venait de traiter un sujet analogue dans les *Lois de Minos*, sous le nom imaginaire de l'avocat Duroncel, comparait pour l'intention les deux ouvrages, et ajoutait de manière à ne laisser aucun doute (2 mars 1772) : « Je regarde le supplice des citoyens qui furent immolés à Thorn, en 1724, la mort affreuse du chevalier de la Barre, la Saint-Barthélemy et les arrêts de l'Inquisition comme de véritables sacrifices de sang humain, et c'est ce que je me propose de faire entendre dans une préface et dans des notes, d'une manière qui ne pourra choquer personne. » On fut cependant choqué des *Druides*, au point que, pendant onze ans, le pauvre auteur fatigua de ses suppliques toutes les puissances pour obtenir la permission d'imprimer cette œuvre qu'on oublia une fois publiée. Néanmoins Le Blanc de Guillet ne se laissa pas décourager. Il composa encore plusieurs ouvrages dramatiques, entre autres *Raymond VI ou les Albigeois*, comme pour répondre à ce vœu d'un philosophe [1] : « Un temps viendra où la Saint-Barthélemy sera un sujet de tragédie, et où l'on verra le comte Raymond de Toulouse braver l'insolence hypocrite du comte de Montfort. » Le Blanc se chargeait donc des Albigeois, qui restèrent en manuscrit, bientôt nous allons voir un autre contemporain, plus téméraire encore, faire un drame sur la Saint-Barthélemy.

Citons aussi Lemierre, déjà connu pour son *Guillaume Tell*. Il écrivit une *Hypermnestre*, ainsi appréciée par Grimm : « L'héroïne est une jeune

---

[1] Voltaire, lettre du 28 février 1764.

personne très-mal élevée, qui se moque de son catéchisme le plus mal à propos du monde. » Et surtout il se signala par sa *Veuve du Malabar* : toujours des sacrifices humains. Lemierre prenait à partie cette coutume barbare, et qui vient à peine de disparaître, en vertu de laquelle la veuve indienne se brûlait vive aux funérailles de son mari. Là où tout autre aurait vu, soit le désir d'empêcher les crimes en intéressant la femme à la conservation des jours de son époux, soit le souvenir d'une croyance primitive, alors qu'on immolait sur la tombe d'un chef ses esclaves, ses chevaux, tout ce qui devait l'accompagner dans l'autre vie, notre auteur ne voulut voir que la férocité d'un prêtre cupide. Selon lui, rien n'étant plus propre que ces cruels exemples à maintenir les peuples courbés sous le joug religieux, si l'on conservait l'usage, c'était par pure politique, et il le faisait avouer aux bourreaux :

> Une coutume ôtée,
> L'autre tombe : nos droits les plus saints, les plus chers,
> Nos honneurs sont détruits ; nos temples sont déserts.
> Plus la coutume est dure, et plus elle est puissante :
> Toujours devant ces lois de mort et d'épouvante,
> Les peuples étonnés se sont courbés plus bas..
> Si ces étranges mœurs n'étaient dans nos climats,
> Quel respect aurait-on pour le brahmine austère ?
> Des maux qu'il s'imposa la rigueur volontaire
> Serait traitée alors de démence et d'erreur.
> Mais quand d'autres mortels, imitant sa rigueur,
> Portent l'enthousiasme à des efforts suprêmes,
> Et savent comme nous se renoncer eux-mêmes,
> Alors le peuple admire, il adore et frémit ;
> L'ordre naît, l'encens fume, et l'autel s'affermit.

Un autre motif non moins puissant, que le brahme n'avoue pas, mais que l'on a soin d'indiquer pour lui, c'est la richesse de l'offrande ; avant de s'élancer dans les flammes, la veuve consacre au temple son or, ses pierreries, tous ses ornements précieux.

Ceci une fois bien entendu, que la barbarie sacerdotale n'a pas même l'excuse de la sincérité, l'auteur se plaît à réunir toutes les circonstances qui rendront la victime plus intéressante, c'est-à-dire; ses meurtriers plus odieux. Lanassa, celle qui doit mourir, n'aimait pas son mari : si elle a promis de se sacrifier, car on lui laisse une apparente liberté, c'est pour échapper aux importunes sollicitations d'une famille qui se fera gloire de sa piété, et aussi parce que, depuis trois ans, un amour malheureux l'a réduite au désespoir. Un officier français, pour lequel elle soupire encore, a été séparé d'elle ; et Lanassa ne croit plus le revoir ; mais bientôt elle va regretter sa promesse imprudente. Le hasard lui fait retrouver tous ceux qui peuvent l'attacher à la vie, tous ceux dont elle pleurait la perte ; d'abord son frère, qui est précisément le jeune brahmine chargé de la conduire à la mort, ensuite le Français, qui viendra, au nom du roi, conquérir la ville et abolir cette coutume surannée. Une mise en scène extraordinaire, les costumes étrangers, les flammes du bûcher, ne nuisirent pas au succès de cette tragédie romanesque ; mais on y disait en même temps beaucoup de mal des prêtres et beaucoup de bien des femmes, « ce sont deux choses, si l'on en croit

Laharpe, toujours sûres de réussir auprès de nos Français. »

Il serait facile d'ajouter à cette liste. *Olinde et Sophronie*, drame héroïque en prose, par Mercier, eut à l'impression un débit prodigieux (Grimm). C'est au roi de Jérusalem, Aladin, et au grand prêtre Ismen, qu'il fallait attribuer cette fortune inattendue, car on fit de toutes les scènes où figuraient ces deux personnages les applications les plus impertinentes. Plus tard vinrent *les Brahmes* de Laharpe, œuvre médiocre, mais où le grand-prêtre prêchait à Timour-Kan un discours d'une tolérance vraiment apostolique. Ce rôle était du moins plus honorable. Puis un poète qui devait être applaudi pour ses comédies, mais qui se croyait obligé, comme tout le monde, de débuter dans le tragique, donnait sous le titre romain d'*Augusta* l'histoire complète du chevalier de la Barre, brûlé par les juges d'Abbeville; cet essai ne fut pas heureux, faut-il s'en étonner? Pour paraître inoffensive, la pièce devait tout déguiser au point de rendre l'aventure méconnaissable.

CHAPITRE VI

PRÊTRES CHRÉTIENS. — ROLE POLITIQUE DE LA RELIGION.

Jusqu'ici, à l'exception du traître Frégose, qui reste invisible dans la coulisse, nous n'avons rencontré que des prêtres du paganisme, Grecs, Romains, Gaulois, Hindous. S'il y avait déjà quelque danger à parler de ceux-ci, combien n'était-il pas plus difficile d'attaquer sans détours le clergé contemporain ! On l'osa cependant, car en dépit de sa vigilance, la censure était impuissante à tout arrêter, et quelquefois, le meilleur moyen de réussir était encore de la braver en face. On en vit un singulier exemple. En 1770, une jeune fille que ses parents voulaient contraindre à la vie religieuse, s'était pendue plutôt que de prononcer ses vœux. Grand émoi du public, et surtout des philosophes, qui devaient tirer parti du scandale. Cette triste aventure fut aussitôt portée sur le théâtre, sans qu'un tel empressement parût extraordinaire ; n'avait-on pas vu, en 1723, à l'occasion du procès de Cartouche, avant même que le coupable fût exécuté, les exploits et la capture de ce brigand fameux joués sur les deux scènes française et italienne? Ce suicide inspira donc à Laharpe un drame en trois actes, *Mélanie ou la Religieuse;* on ne pouvait, bien entendu, prétendre à des représentations publiques; mais l'auteur était libre de se faire imprimer, et la vente fut telle, qu'il en retira 4,000 livres en quinze jours. Grimm, à qui nous empruntons ces détails, ajoute ceci : « Il existe quelque part, dans Paris, un M. Fontanelle qui doit trouver bien injuste le succès de M. de Laharpe. Ce M. Fontanelle a fait, il y a quelque temps, une tragédie intitulée *Ericie ou la Vestale*; on croit y trouver quelques allusions à nos cloîtres, et la police lui donne pour censeur M. l'archevêque de Paris, afin de prévenir toute surprise. Le prélat, devenu censeur de pièces de théâtre, opine que non seulement cette *Vestale* ne peut être représentée, mais qu'elle ne doit pas même être imprimée, et voilà mon pauvre diable de poète pour ses frais de composition; et lorsqu'il parvint enfin à la faire imprimer clandestinement, on envoie son colporteur aux galères pour en avoir vendu. M. de Laharpe traite le même sujet, mais sans le voiler; il place le lieu de la scène dans le parloir d'un couvent de Paris; une novice, un curé, un père dur et barbare en sont les acteurs, et l'auteur obtient la permission de vendre sa pièce publiquement. » Il est en effet bizarre de voir les Vestales proscrites par le même pouvoir qui admet les Religieuses; mais l'arbitraire n'agit-il pas toujours ainsi ?

D'ailleurs, la critique de Laharpe est relativement modérée ; cette question si délicate est traitée avec une extrême prudence, et le poète peut encore se dire chrétien, car ce n'est pas la religion même qu'il attaque, mais les excès auxquels parfois l'entraîne l'intérêt ou un zèle inconsidéré. Le personnage le plus sympathique du drame est un prêtre, modèle de douceur, de tolérance éclairée et de sincérité, Laharpe s'était plu, dit-il, à lui donner toutes les vertus d'un digne ecclésiastique, M. Léger, curé de Saint-André-des-Arcs, qui avait été son bienfaiteur. Le poète avait pour ce rôle du curé une prédilection particulière ; on rapporte que, sur le théâtre de M. d'Argental, il le remplit souvent lui-même.

Ce bon prêtre est accusé d'indulgence par le père impitoyable : « Ma confiance en lui, dit M. de Faublas, n'est pas entière ; il passe pour ne pas être assez rigoureux sur la morale. » Qu'il ne soit pas sévère pour l'immoralité, ou qu'il sacrifie une partie de ses dogmes, rien ne le prouve. Mais pour lui, la religion est la charité, le pardon; une conversion forcée semble un crime à ses yeux. Loin de pousser malgré elle Mélanie vers le cloître, il entend avec pitié le récit de ses terreurs, il accepte même avec intérêt la confidence de l'amour qui la rattache au monde, et intervient auprès du père pour essayer de le fléchir. Cette douceur surprend la jeune fille, qui s'attendait à trouver un fanatique, et rencontre un homme.

> N'êtes-vous pas pourtant au rang de ces mortels
> Qui m'ont toujours prêché des devoirs si cruels,
> Qui m'ont tant annoncé d'une voix formidable
> Dieu toujours irrité, l'homme toujours coupable,
> La nature en souffrance, et le ciel en courroux ;
> Qui m'ont dit que ce Dieu se nomme un Dieu jaloux ;
> Qu'il ordonne aux humains, pour fléchir sa colère,
> De s'imposer le poids d'un tourment volontaire,
> Et qu'enfin les objets devant lui préférés
> Etaient des yeux en pleurs et des cœurs déchirés ?

Non ! répond le prêtre, et, la Bible en main (l'auteur a eu soin de citer en note les passages qui abritent son orthodoxie), il réfute ces doctrines peu chrétiennes :

> Connaissez mieux sa loi propice et tutélaire ;
> Il chérit les humains qu'il fit pour le servir.
> Et s'il aime les pleurs, c'est ceux du repentir....
> Si les maux ici-bas éprouvent la vertu,
> Dieu lui-même descend près du cœur abattu ;
> S'il voit prêts à tomber les siens qu'on persécute,
> Lui-même étend la main pour prévenir leur chute.
> Mon joug est doux, dit-il, loin de le rejeter,
> Heureux qui, dès l'enfance, apprit à le porter !
> C'est sa parole ici que je vous fais entendre.

En conséquence, il repousse un hommage qui n'est pas libre.

> Ma fille, Dieu n'admet dans ce séjour sacré
> Qu'une âme libre et calme, et qu'un cœur épuré.
> Il ne veut point qu'on mêle à de si saintes chaînes
> Le joug humiliant des passions humaines ;
> Il ne veut que des cœurs que lui-même a choisis,
> Etrangers à la terre et de lui seul remplis.

Et dans un mouvement assez énergique, il s'adresse au père de Mélanie, qui, en qualité de magistrat, doit connaître mieux que personne la nullité des engagements forcés. Osez-vous faire ici, dit-il, ce que vous condamnez au tribunal? Puis il ajoute :

> Mais ce Dieu juste et bon peut-il voir sans horreur
> Des esclaves tremblants, entraînés au malheur,
> Offrir à ses autels d'une voix accablée
> Le sacrifice amer d'une âme désolée,
> Baisser des yeux en pleurs sous un voile abhorré,
> En étouffant le cri d'un cœur désespéré,
> Et contre des tyrans qui leur font violence
> Du ciel que l'on outrage appeler la vengeance ?
> Pensez-vous que ce vœu soit toujours impuissant ?
> Que ce Dieu de bonté, l'appui de l'innocent,
> Ne s'établisse pas juge et vainqueur du crime,
> Entre le père injuste et l'enfant qu'on opprime ?

Tel est ce beau rôle de prêtre que devaient aimer et admirer même les plus déterminés adversaires de la religion. Les autres personnages ne seront pour nous qu'accessoires. M. de Faublas, vrai despote, sacrifie froidement sa fille afin d'assurer le mariage d'un fils qui a toutes ses préférences. La mère, âme faible et indécise, voit le désespoir de Mélanie sans rien oser en sa faveur. Quant à la jeune fille, qui jusqu'alors a presque toujours vécu au couvent, les prévenances, les caresses dont elle était comblée, le calme si vanté de cette retraite, lui ont fait d'abord illusion ; mais l'effrayante révélation recueillie sur les lèvres d'une amie mourante, trompée comme elle, et condamnée à un éternel regret, l'a ébranlée ;

enfin est venu cet amour, et sa volonté s'est fixée, car elle ne paraît pas assez croyante pour trouver quelque charme à l'amertume du sacrifice.

On sait qu'après la Révolution, Laharpe renia hautement son passé philosophique, et couvrit même d'invectives plusieurs de ceux qu'il avait eus pour amis. C'était en vain. L'éclat de sa conversion ne put faire oublier ce qu'il avait été, et, dans son Epître à Voltaire, Chénier, accusant la défection de l'ancien commensal de Ferney, ne pouvait s'empêcher de dire au père des philosophes, à celui qui avait protégé les débuts de Laharpe :

> Tu lui pardonneras, il a fait *Mélanie*.

Cette tendance vers la douceur, ce reproche adressé à la religion de toujours condamner, d'être inexorable, coïncidaient avec un redoublement de sévérité contre les philosophes et leurs écrits. Aussi la protestation que nous venons d'entendre ne fut-elle pas la seule. *Mélanie* fut suivie d'*Euphémie*, drame d'Arnaud-Baculard, sur lequel, malgré son infériorité, il faut nous arrêter un instant. Après avoir joui de la faveur de Frédéric au point de rendre Voltaire jaloux, Baculard, ce « soleil levant », n'avait pas su briller à Paris. A peine les titres de ses ouvrages étaient-ils connus dans la bonne compagnie; mais il partageait avec Mercier le surnom de *dramaturge de la province*, et il avait son public à lui pour applaudir ce que d'autres appelaient de lamentables rapsodies. Le mot de rapsodies est peut-être dur, mais celui de lamentables est mérité. Cet auteur eut toujours dans l'âme une tristesse, un désespoir, que justifièrent les incroyables revers de sa destinée; aussi peignait-il ses tableaux des couleurs les plus sombres. N'est-ce pas lui qui, dans le *Comte de Comminges*, retraçant les derniers moments d'un trappiste, s'est plu à montrer la fosse ouverte, le lit de cendres, à faire entendre le tintement des cloches, les prières des agonisants, le chant des morts, détails d'un affreux réalisme encore inconnu au théâtre, et qui devait déposer dans les âmes une impression funèbre? Son drame d'*Euphémie* n'est guère plus gai, mais il a du moins le mérite de rappeler par une certaine analogie lointaine le nom de deux œuvres supérieures. La même situation dramatique a depuis inspiré à Donizetti la musique du dernier acte de la *Favorite*, et à Lamartine quelques-uns des plus beaux vers de *Jocelyn*.

La malheureuse Constance, en religion sœur Euphémie, n'a pu depuis dix ans, malgré tous ses efforts de piété, oublier Sinval, l'amant qu'elle croyait mort. Sa mère, indignement chassée par le fils qu'elle avait préféré, vient chercher un refuge dans le couvent. Là se rencontre aussi Sinval, devenu prêtre sous le nom de Théotime; d'abord les deux amants songent à fuir ensemble, au mépris de leurs vœux, et rêvent une existence paisible, ignorée, loin de ce monde pervers et avili. C'est Théotime qui parle: il veut chercher un rocher escarpé, un antre sauvage, où il lui sera permis de reprendre les droits de l'homme naturel, et de s'avouer, à la face du ciel, l'époux d'Euphémie. Il ne croira pas, en agissant ainsi, offenser Dieu qui doit, au contraire, voir avec complaisance et protéger leurs amours.

> Mais ce Dieu que j'adore, et que, pour mon supplice,
> De ses crimes la terre a rendu le complice,
> Ce Dieu que le mensonge et la crédulité
> Font servir de prétexte à leur férocité,
> Au gré de leur caprice indulgent ou sévère,
> Il voit du haut des cieux, il voit avec colère
> Tous ces humains grossiers lui prêter leurs erreurs,
> Consacrer de son nom leurs stupides fureurs;
> Non, jamais l'Eternel n'a forgé ces entraves,
> Ce joug sous qui s'abaisse un vil peuple d'esclaves;
> Sa bonté, sa grandeur de ces fers sont blessés;
> Un volontaire hommage, et non des vœux forcés,
> Voilà le seul tribut que la raison lui donne,
> Voilà le pur encens qui s'élève à son trône.

Quel langage pour un prêtre, et que nous sommes loin du bon et vertueux curé de Laharpe! une déclamation vulgaire a remplacé la parole évangélique. Euphémie avait consenti à cette fuite; puis elle se ravise, refuse et meurt : mais cette obéissance au devoir était-elle suffisante pour faire appeler la pièce le *Triomphe de la religion*? Etait-ce précaution hypocrite, où Baculard croyait-il sincèrement avoir fait œuvre de foi? Quelques vers sont plus étranges encore, tout à fait dignes d'un ancien convive des petits soupers de Sans-Souci, mais choquants dans la bouche d'un prêtre :

> Tu connais les transports de ces âmes sacrées

> Et d'encens et de fiel à la fois enivrées.....
> Je vais m'abandonner à toutes leurs fureurs,
> Sécher dans des cachots inondés de mes pleurs.

Ainsi parle Théotime pour effrayer son amante et la décider à le suivre. Dès le début de la Révolution, une fois la scène émancipée, cette idée allait reparaître sous toutes les formes, et par ses affreuses peintures de l'intérieur des couvents, la littérature devait préparer l'abolition des vœux monastiques ; mais déjà *Mélanie*, et plus encore *Euphémie*, faisaient pressentir les *Victimes cloîtrées* du citoyen Monvel.

On poussa dans un autre sens d'autres pointes non moins hardies ; plusieurs essayèrent de condamner, sans réticence, et dans des pièces modernes, le rôle politique de la religion armant le bras séculier pour contraindre les consciences. Les *Guèbres* n'avaient pu être représentés, les *Druides* avaient été promptement interdits ; sans se laisser décourager par le malheur de ses confrères, Lefèvre, auteur d'une *Elisabeth de France* (ou *don Carlos*) osa parler de l'Inquisition. Il est vrai que le redoutable tribunal n'était pas appelé par son nom ; les convenances du style poétique s'y opposaient ; mais de belles et longues périphrases le désignaient clairement : « Ces juges sacrés que l'Eglise a choisis ; » ou encore, *ces juges austères*,

> A qui Rome a commis ses rigueurs salutaires.

C'est, bien entendu, Philippe II qui parle ; la réponse sera donnée par son fils :

> Loin du cœur de Carlos cette indigne faiblesse,
> De mendier ma gloire aux pieds du vil mortel
> Qui d'horribles bûchers entoure ici l'autel,
> Dont le glaive envahit les droits du diadème
> Et sape, en la vengeant, la religion même !

Les tribunaux qui ordonnent les massacres dans les Pays-Bas s'appellent « un Sénat d'assassins présidé par des prêtres. » La pièce fut interdite, non pour de telles hardiesses, comme nous pourrions le supposer, mais pour un péché plus véniel. Campistron, mettant sur la scène la fin dramatique de don Carlos, l'avait voilée sous le nom ancien d'*Andronic*. Pareil ménagement semblait suranné ; Lefèvre voulut écrire une tragédie vraiment espagnole, mal lui en prit. Comme Figaro offensant par une comédie la Sublime-Porte, la Perse, une partie de la presqu'île de l'Inde, toute l'Egypte, les royaumes de Barca, de Tripoli, de Tunis, d'Alger, de Maroc, le pauvre auteur de *Don Carlos* faillit soulever contre lui toutes les Espagnes. Le censeur ordinaire n'osa pas se prononcer sur une matière aussi délicate ; la pièce fut par lui renvoyée au lieutenant de police, et par celui-ci au garde des sceaux, puis transmise à M. de Vergennes, ministre des affaires étrangères, et enfin au comte d'Aranda, ambassadeur d'Espagne. Ce diplomate, sans vouloir la lire, décida prudemment que puisqu'on le consultait, l'affaire semblait au moins douteuse, et mit son véto (Grimm). Cette tragédie importune avait mis en mouvement la moitié du ministère, mince consolation pour le poète. Par bonheur, Lefèvre sut intéresser à sa cause le duc d'Orléans, attentif à caresser l'opinion publique, autant que le gouvernement à la froisser. Ce prince, à deux reprises, fit jouer *Don Carlos* par les acteurs de la Comédie-Française sur son théâtre de la Chaussée-d'Antin, il voulait même écrire directement au roi d'Espagne pour en appeler, et cette petite opposition lui fit honneur. Observons en passant combien les spectateurs aimaient alors à trouver partout des allusions : ils applaudirent avec une affectation marquée, à un endroit où Philippe II repousse les avis de la reine en lui conseillant de ne s'occuper qu'à plaire; on était en 1783, c'est à la reine de France que cette leçon s'adressait.

Ainsi, notre gouvernement, fidèle observateur du Pacte de Famille, s'efforçait de protéger contre toute atteinte la mémoire d'un implacable ennemi de la France ; hâtons-nous pourtant de reconnaître que dans des circonstances où sa susceptibilité aurait paru plus naturelle, il se montra souvent moins difficile. Une tragédie du comte de Guibert, le *Connétable de Bourbon*, se jouait à la cour, où ce récit de la trahison commise par un ancêtre du prince régnant était fort déplacé. On faisait respecter le tyran de l'Escurial, pour laisser passer des pièces, où au milieu de la description des horreurs de la Saint-Barthélemy, il était dit, non dans le langage obscur et effacé des vers d'alors, mais avec toute la clarté et la vivacité de la prose, que du haut de leur balcon du Louvre, Charles IX et son frère le duc d'Anjou arquebusèrent en riant les huguenots fugitifs. Ce drame était de Mercier, l'auteur longtemps célèbre du *Tableau de Paris*, écrivain bien contesté, souvent bizarre, emphatique ou vulgaire, mais qui ne manquait ni d'invention originale, ni de vigueur, et dont nous aurons à reparler plus d'une fois. Après avoir échoué dans les genres appelés nobles, où il ne devait pas en effet se sentir à l'aise, il adopta une autre forme dramatique, et ses pièces, longtemps chassées des spectacles de Paris, coururent plus librement les petites villes. Aucun échec ne rebutait sa fécondité ; il s'imposait sans relâche à l'attention publique. Refusait-on de le jouer ? il faisait imprimer sa pièce, et, pour se consoler, s'empressait d'en écrire une autre. Celle qui retrace un des épisodes de la Saint-Barthélemy parut en 1772, comme pour célébrer, disait la préface, le deux centième anniversaire du crime ; elle était si hardie que plusieurs fois des éditeurs peu scrupuleux l'attribuèrent à Voltaire.

La scène est à Lisieux ; l'action se passe le 27 août 1572, au moment même où arrive la nouvelle des massacres du 24. Un gentilhomme protestant, Arsenne, qui s'était rendu à Paris pour les fêtes du mariage d'Henri de Navarre avec Marguerite de Valois, est revenu à la hâte auprès des siens. Quel tableau saisissant de ce carnage auquel il s'étonne d'avoir échappé ! Non que cette scène soit un chef-d'œuvre ; cependant la prose sentimentale de Mercier vaut encore mieux que les vers du temps, et le récit, coupé par les exclamations indignées ou les questions pressantes des assistants, peut produire un certain effet dramatique ; il n'est pas monotone comme les narrations ampoulées et solennelles que débitent certains confidents de tragédie. Les bruits sinistres ont couru ; déjà l'on pleure Arsenne, lorsqu'il accourt en désordre ; chacun le presse de question : « Laissez-moi respirer », dit-il.

ÉVRARD.

Dis-nous seulement : aurais-tu été témoin du massacre de cette nuit ?....

ARSENNE.

Tiens.... regarde mes vêtements.

LAURE, *se précipitant vers son époux.*

Dieu ! ils sont tout couverts de sang..... tu es blessé ?

ARSENNE.

Ce sang que tu vois n'est pas le mien.... hélas! c'est celui de ta mère, de ton oncle, de tes plus proches parents, de tous ceux enfin qui avec moi ont voulu les défendre..... Cette cour abominable, fléau perpétuel de la nation, a médité le crime. Paris nage dans le sang ; nos frères sont égorgés ; leurs assassins triomphent, et foulent aux pieds leurs cadavres sanglants.

Puis vient la peinture, tant de fois essayée depuis, de cette nuit effroyable : un détail rappelle le célèbre morceau de la *Henriade :*

« Je me sauve chez Coligny ; je voulais mourir auprès de ce

grand homme, ou du moins y rallier notre parti dispersé ; on précipitait son corps déchiré ; Guise foulait aux pieds ses cheveux blancs. Sa troupe impie insultait encore à la dépouille du plus honorable des humains ».

Cette description, qui ne manque pas de vigueur, est malheureusement accompagnée de tirades déclamatoires ; nous ne donnerons qu'un échantillon du mauvais goût de Mercier :

« A leur tête marchaient ces émissaires de Rome, monstres infernaux allaités des poisons de l'Italie. Une joie cruelle anime leurs regards : d'une main ils désignent les victimes, de l'autre ils portent le poignard dans leurs cœurs. Ils échauffent avec le nom du roi et celui de Dieu le carnage trop lent à leur gré ; ils lèvent leurs mains ensanglantées pour bénir l'homicide qui frappa le plus de coups ».

Fermons les yeux sur les défauts de ce style : c'est la langue ampoulée de l'époque, encore gâtée par l'auteur. Il faut voir ici les commencements d'un genre nouveau, le drame historique en prose. Ces pages de Mercier rappellent, mais avec plus de passion et de vivacité dramatique, le *François II* du président Hénault.

Nous ne connaissons encore que le début de la pièce. Jean Hennuyer, qui en est le héros et lui donne son nom, était évêque de Lisieux ; sa mémoire a été pieusement conservée avec celle de l'amiral Chabot-Charny, du vicomte de Tende, et autres hommes de cœur, qui, à cette époque maudite, eurent l'honneur de résister aux ordres de la cour. C'est vers lui que se réfugient Arsenne et les protestants du pays : ils avaient d'abord pensé à se défendre, à succomber du moins les armes à la main ; un de leurs chefs les en a détournés. (Ici se trahit la partialité de l'écrivain) : « Je préférerais, dit-il, d'attendre et de recevoir le coup comme Coligny..... S'il faut choisir d'être le meurtrier et la victime, plutôt mourir que de porter le nom d'homicide. » Ils iront donc réclamer la protection de l'évêque, et leur espoir ne sera pas trompé.

Hennuyer n'est pas de ceux qui veulent convertir par le glaive. « Que de crimes, s'écrie-t-il ! O superstition ! cruel fanatisme ! quand cesseras-tu de profaner ma sainte religion ? » Son rôle doit être d'enseigner, de prier, non de contraindre, enfin de gagner les cœurs à force de douceur, de modération et de vertu. Il résiste aux instances du lieutenant de roi, qui veut se concerter avec lui pour organiser le massacre, et trouve même pour désobéir des raisons d'une fermeté toute républicaine :

> « Il est des bornes que le pouvoir royal ne saurait franchir, sans quoi le sujet ne serait plus qu'un vil instrument de servitude..... Quoi ! Charles, âgé de vingt-deux ans, ordonnera à des prélats sexagénaires, à de braves et anciens officiers, d'égorger au premier clin-d'œil cent mille de leurs concitoyens !... L'humanité, croyez-moi, a ses droits bien avant ceux de la royauté. Qui ne parle plus en homme ne peut plus commander en roi. »

De leur côté, les officiers déclarent qu'il ne se trouvera pas un bourreau parmi eux : ce sont les belles paroles que la tradition a prêtées au vicomte d'Orthez. La pièce se termine par une procession bien différente de celles de la Ligue. Curés et protestants confondus parcourent ensemble les rues de la ville : le digne prélat sort après eux, tenant la main du vieil Arsenne, et les officiers ferment la marche.

Ces exemples doivent suffire pour nous donner une idée de l'influence que le théâtre mit au service de la philosophie dans sa guerre à outrance contre le clergé. La critique haineuse sut prendre toutes les formes ; l'éloge le plus flatteur en apparence était encore un blâme. Toutes les religions anciennes ou étrangères ont défilé devant nous, pour s'entendre adresser des reproches très-mérités peut-être par la plupart, mais destinés dans la pensée intime des auteurs à une autre qui les méritait moins. Le prêtre est devenu, dans la tragédie classique, un personnage nécessaire : chaque fois qu'on a parlé de lui, ç'a été pour joindre à son nom l'inévitable épithète de cruel, d'imposteur ou de fanatique, et chaque fois qu'il a pris part à l'action, on lui a fait remplir le rôle le plus odieux, comme complice d'un tyran auquel il vend sa conscience et son prestige. Ses oracles ne sont que des mensonges payés. Il tue sans remords, tantôt pour la plus grande gloire du culte, tantôt pour la seule satisfaction de ses vengeances personnelles, de son avarice ou de sa basse ambition. Enfin, dans les miracles qu'il propage, on ne peut voir que des événements ordinaires, rendus surnaturels par la fourberie ou la superstition. En un mot, nul être n'est présenté comme plus vil ou plus funeste, et toutes ces tragédies pourraient prendre pour devise le vers fameux de Lucrèce :

> Tantum relligio potuit suadere malorum!

Aux ouvrages moins nombreux qui traitent de sujets modernes, une telle licence aurait été dangereuse. La satire est donc obligée de prendre une autre forme. On dessine le portrait du prêtre idéal, humain, compatissant, tolérant, presque philosophe. Quand celui-ci parle du dogme, c'est pour condamner au nom de Dieu lui-même tout esprit de persécution ; mais avant le dogme, il fait évidemment passer la morale, en vrai disciple du Vicaire Savoyard. Il est de ceux qui, aux États Généraux, commenceront la scission du clergé pour aller grossir les rangs du Tiers ; et deux ans plus tard, s'il n'a pas jeté sa robe, il sera curé constitutionnel.

Enfin les guerres de religion sont flétries, mais ce ne pouvait être alors qu'une rareté, une exception. Les ouvrages consacrés à ce genre de polémique purent être connus d'un certain public, sans jamais jouir d'une existence autorisée et régulière.

Cette prévention injuste contre le caractère et la sincérité du prêtre fut la grande erreur, et aussi la grande faute de l'époque. Non contents de repousser la religion pour eux-mêmes, les philosophes refusaient même de la comprendre et de l'admettre chez autrui. Un sens leur manquait à tous, Rousseau excepté. Mais qu'avaient-ils sous les yeux qui pût leur inspirer le respect? C'est une triste histoire que celle du haut clergé au xviii° siècle. Que de prélats de cour, dépravés, incrédules, et néanmoins intolérants, dont les scandales, trop connus à Paris, faisaient méconnaître la vertu obscure et silencieuse du plus grand nombre ! Tout prêtre était pour eux taillé sur le modèle des Dubois ou des Tencin.

Des écrivains de nos jours ont admirablement compris le christianisme sans le pratiquer eux-mêmes, et sans l'accepter comme vrai. Avec un art infini, ils ont su analyser les nuances les plus délicates, les plus raffinées du sentiment religieux. Un tel instinct historique n'existait pas alors ; c'est une des conquêtes de notre siècle.

CHAPITRE VII

RELIGION NATURELLE.

Unanimes pour renverser, les philosophes ne l'étaient pas pour reconstruire ; toutes les doctrines trouvaient place dans leur école, l'athéisme du baron d'Holbach et de Diderot, le déisme sceptique de Voltaire, aussi bien que la ferveur de Rousseau. A l'époque de la Terreur, on put voir les disciples à l'œuvre: les uns essayèrent de remplacer le Christianisme qu'ils croyaient anéanti par le culte purement humain de la Déesse Raison, les autres rendirent du moins témoignage en faveur de la divinité, et protestèrent en proclamant l'Etre Suprême. Lorsqu'il ne s'agissait que de rêves, de théories, la diversité des opinions individuelles pouvait être plus sensible encore.

Cependant, tous ceux qui voulaient conserver un hommage à Dieu étaient d'accord pour reconnaître l'existence d'une Religion Naturelle, supérieure, selon eux, et antérieure à tous les cultes existant sur la terre, modèle idéal de la croyance qui devrait être commune à tous les hommes, et dont les religions actuelles n'étaient pour eux que des imitations bien imparfaites. L'indifférence pour toutes ces religions également créées par l'homme, et cachant plus ou moins sous leur dogme la simplicité de la loi primitive, était donc le premier article de leur *credo* philosophique. Quelques mots de *Zaïre* nous l'ont appris déjà ; d'autres vont le répéter plus nettement.

> Hélas ! je crains toujours ces mortels téméraires
> Qui parcourent le globe en dépouillant leurs frères,
> Qui, s'armant contre nous de bourreaux et de feux,
> Substituaient leur culte à celui de nos dieux,
> Comme si pour eux seuls la vérité sans ombre
> N'eût sur tout autre peuple épanché qu'un jour sombre,
> Ou que l'Être immortel qui reçoit nos tributs
> Considérât le culte, et non pas les vertus.
> Enfants, soyons humains ; que faut il davantage ?
> Au Dieu qui nous créa c'est partout un hommage.

Ainsi aux yeux du Tout-Puissant tous les cultes sont les mêmes ; c'est la vertu seule qu'il exige de l'homme. On vient d'entendre un poète vraiment philosophe et militant, Lefèvre, père de ce *don Carlos* dont nous avons raconté les malheurs. Encore quelques années, cette indifférence sera ouvertement professée, sans effort, sans emphase, du ton le plus simple, comme s'il s'agissait d'un principe généralement reconnu ; et professée par un auteur qui ne songeait qu'à plaire sans convertir personne. Pour attester le progrès d'une idée, aucun témoignage n'est plus significatif que celui des écrivains qu'on pourrait appeler les neutres. Ils n'ont ni prétention ni parti-pris de diriger l'esprit de leurs contemporains ; mais l'atmosphère où ils vivent les pénètre à leur insu, ils finissent par ressembler aux autres.

Dorlange, le faiseur de châteaux en Espagne, est tombé dans sa rêverie habituelle, et imagine comme toujours une série d'aventures extraordinaires qui feront de lui un héros. Choisi pour chef par les Turcs dont il était le prisonnier, vizir, gendre du sultan, et sultan à son tour, il se sent tout d'un coup arrêté par un scrupule. Né chrétien, peut-il en conscience abandonner sa religion, pour devenir Commandeur des croyants, successeur et vicaire de Mahomet ? Son hésitation n'est pas longue.

> Me voilà donc le chef de la Sublime Porte !.....
> Mais ma religion, mais mon culte !... qu'importe
> La mitre, le turban, tous les cultes divers ?
> Mon dogme est d'adorer le Dieu de l'univers.
> Il est celui des Turcs, et tous, à mon exemple,
> Vont ne bénir qu'un Dieu, dont le monde est le temple.

Cette comédie de Colin d'Harleville fut représentée en 1789, quelques semaines avant la réunion des Etats-Généraux ; elle nous apprend quelle était alors l'idée dominante : les religions de ce monde, aussi bien que les lois civiles et politiques, étaient considérées comme le produit nécessaire des mœurs d'un peuple, du genre de vie, du terrain, du climat, de tout ce que Montesquieu appelle le *physique* d'un pays.

Mais ce n'est là encore qu'un résultat négatif. Tous les dogmes révélés étant ainsi écartés, voyons à quelles croyances simplifiées se réduisait la religion naturelle. Il ne serait pas impossible de composer, avec les données du théâtre seul, une sorte de catéchisme du philosophe déiste; les professions de foi ne manquent pas.

Il y a un Dieu, un seul Dieu, « créateur incréé de la nature entière. » Tous l'affirment, et l'athéisme, en effet, ne pouvait être enseigné sur la scène. Ce Dieu ne s'est révélé à aucun peuple de préférence aux autres; tous les hommes, sans exclusion, sont appelés à le connaître; le témoignage de la conscience, le spectacle des merveilles de l'Univers suffisent pour attester son existence et sa gloire.

Les noms divers qu'on lui donne nous disent quels sont ses différents attributs: Etre immortel, Etre suprême, Etre puissant et magnifique, Père universel; mais son premier caractère est avant tout la bonté. Le soleil, qui répand indistinctement sa chaleur sur tous les êtres, est l'emblème de cette bienfaisance universelle. Rappelons-nous les *Guèbres*; d'autres disent comme eux :

> Père de la nature, âme et soutien du monde,
> Vive image d'un Dieu dont la bonté féconde
> Embrasse les mortels de ses faveurs comblés.....

C'est un Péruvien qui parle, un adorateur du soleil, mais l'auteur a transformé cette conception vulgaire pour l'accommoder à sa propre croyance. Encore une preuve de cette bonté qu'on attribue à Dieu, c'est le reproche toujours adressé aux religions de condamner et de maudire, de présenter comme cruel, inexorable, un Etre d'une clémence et d'une douceur infinies.

Quelle est son action sur l'univers? Comment s'exerce et se manifeste cette intarissable bonté? Question indiscrète, et déjà trop précise pour ne pas provoquer un certain embarras. Voici la seule réponse que pouvait faire un philosophe : « Dieu a
» établi les lois de ce monde, et tout disposé pour
» que l'homme, s'il sait profiter de ses bienfaits,
» trouve le bonheur ici bas. Mais il semble que
» l'homme soit ensuite abandonné à lui-même. Ce
» qui le prouve, c'est qu'il a presque toujours tiré
» un mauvais parti de ces dons du Créateur, et
» compromis sa destinée que tout lui permettait de
» rendre si belle. D'ailleurs les lois de ce monde
» sont immuables ; leur auteur lui-même se soumet à
» elles ; il n'a ni la volonté ni le pouvoir de les
» changer, et trop de fois nous avons contesté les
» miracles pour avoir maintenant le droit de les
» admettre. Quelle peut être alors l'intervention
» divine dans les affaires humaines? A quoi se réduit le rôle de la Providence? Y a-t-il même, à
» vrai dire, une Providence, puisque toute action
» providentielle serait en même temps surnaturelle?»
Les philosophes ne pouvaient tenir un autre lan-

gagé. De plus, on sait les malheurs de cette époque, les guerres désastreuses, la misère générale en certains pays. Tout cela servait d'arguments. Lorsqu'un cataclysme comme le tremblement de terre de Lisbonne faisait en quelques heures trente mille victimes sous les yeux de l'Europe consternée, Voltaire écrivait ses poèmes sur la *Loi naturelle*, et avec lui tous les incrédules refusaient d'admettre l'idée d'une intervention de la Providence, qui, autrement, eût été responsable de tant d'horreurs. Il leur fallait donc revenir, bon gré mal gré, à la doctrine ancienne, à ces Dieux qu'Épicure, ne voulant pas tout à fait supprimer, a du moins relégués loin de nous, non plus au centre, mais à l'extrémité de l'univers, région sereine et lumineuse que ne troublent ni les vents, ni la pluie, ni la neige, et dans une vie de délices où ils peuvent ignorer toutes les affaires de ce monde habitué à se passer d'eux. Toute autre solution de ce problème eût été contradictoire.

Ainsi, après avoir si souvent répété que la bonté est le principal attribut de Dieu, les Déistes ne pouvaient en montrer comme preuve qu'un seul bienfait du Créateur, déposant dans chaque âme humaine des germes de vertu et de bonheur, dont nous faisons selon notre libre arbitre un bon ou un mauvais usage. Mais expliquer quels sont les effets pour ainsi dire actuels de cette bonté, affirmer qu'elle se manifeste à chacun de nous par tel ou tel bienfait individuel, et, comme le chrétien, reconnaître dans les événements les signes de la colère ou de la grâce divines, la main du Seigneur partout et toujours présente, était pour eux chose impossible. Nulle part, dans leurs ouvrages dramatiques ou autres, ils n'ont attesté avec une foi sincère, et comme faisant sentir au monde son activité visible, cette bienfaisance tant vantée.

Ce Dieu impersonnel, presque insensible, inactif, et depuis longtemps indifférent à son œuvre, finit par s'absorber et se confondre dans la nature elle-même. C'est encore un retour à l'opinion de Lucrèce, à cette force mystérieuse et féconde, *Rerum natura creatrix*, célébrée par le poète latin. En faut-il un exemple ? nous pourrons l'emprunter même à un genre bien profane et léger. Ouvrons le poëme de *Tarare*, composé par Beaumarchais, et mis en musique par Sallieri. Cet opéra, destiné à révéler aux Français des beautés inconnues, à leur donner une idée du spectacle des Grecs, tel que l'auteur l'avait toujours conçu, était en même temps une œuvre philosophique ; même révolutionnaire, discutant toutes les questions politiques ou sociales ; et Beaumarchais put se vanter plus tard « d'avoir jeté dans la terre, à ses risques et périls, ce germe d'un chêne civique au sol brûlé de l'Opéra. » Sans entrer dans le détail des aventures de Kalpigi, un Figaro transformé, contentons-nous d'un coup d'œil jeté sur la liste des personnages, avec la qualification donnée à chacun d'eux.

Atar, roi d'Ormuz, homme féroce et sans frein ;

Tarare, soldat à son service, révéré par ses grandes vertus ;

Arthénée, grand-prêtre de Brahma, mécréant dévoré d'orgueil et d'ambition.

Jusqu'à présent, ce ne sont que les rôles ordinaires, les types consacrés de la tragédie ; mais voici qui est nouveau.

Le Génie qui préside à la reproduction des êtres, ou la *Nature* ;

Le Génie du Feu, qui préside au soleil, amant de la Nature.

Ce dernier ne figure ici que par une galanterie obligée d'opéra : la vraie divinité est cette nature un instant personnifiée : *Alma Venus*.

Est-il question de culte avec un pareil Dieu ? S'il ne s'est pas révélé, s'il n'a pas de nom, pas de légende, toute la partie historique et commémorative, qui tient dans les religions la première place, n'existe plus ; et, s'il n'a pas de faveurs à accorder, s'il ne dérange ni pour un homme ni pour un peuple l'ordre qu'il a lui-même établi, pourquoi lui demander d'intervenir dans telle ou telle circonstance déterminée ? Il n'y aura donc point de prière au sens habituel du mot ; ou le mot ne sera employé que pour désigner la méditation intérieure, l'élévation de l'âme, l'adoration muette. Mais le sentiment mystique, l'aspiration vers l'infini étaient alors si rares. Combien parlaient de cette prière, sans la pratiquer jamais ? Que chaque homme cultive son âme, en vue d'atteindre la plus haute perfection possible, voilà le vrai moyen d'honorer Dieu et de lui plaire. Mais surtout qu'il s'applique à aimer et soulager ses semblables : la bienfaisance, la philanthropie, substituées à la charité chrétienne, sont le plus bel hom mage de la créature à la divinité. En un mot, la religion naturelle finit par se réduire à la morale ; nous n'aurons pas à nous étonner en voyant celle-ci tenir dans l'enseignement philosophique une si large place.

SECONDE PARTIE

LA COMÉDIE ET LE DRAME

PHILANTHROPIE. — ÉGALITÉ DES CONDITIONS

CHAPITRE PREMIER

OPTIMISME.

La morale fut l'étude favorite du XVIIe siècle. Rarement la nature humaine avait été mieux connue, observée avec plus de finesse malicieuse ou de sagacité profonde, décrite avec plus de verve ou d'éloquence. Et cet art n'était pas le privilége des maîtres, comme Pascal et La Rochefoucauld, ou des moralistes de profession, comme Nicole ou La Bruyère ; tous le pratiquaient. Le théâtre substituait alors au récit d'incroyables aventures, à la galanterie subtile et ampoulée, une peinture plus vraie des caractères et des passions. Le roman remplaçait les sentiments fades et convenus par une description ingénieuse des véritables mouvements du cœur. La prédication chrétienne savait joindre mieux que jamais à l'enseignement dogmatique des vérités religieuses l'analyse des vices ou des passions, causes premières de nos erreurs. La vie de société devait elle-même favoriser ce penchant ; l'observation morale était devenue un divertissement pour les gens du monde. On rédigeait des maximes ; les portraits étaient à la mode, chacun faisait le sien, surtout celui du voisin. Mais bien que cette étude eût été poussée à ses dernières limites, il restait quelque chose à dire aux écrivains de l'âge suivant ; un domaine propre et bien défini leur était réservé. Ce que le XVIIe siècle avait entrepris et conduit à sa perfection, c'était la recherche curieuse, impartiale et désintéressée des sentiments, des penchants bons ou mauvais, des vices et des vertus, des faiblesses, des ridicules. Ce qui domine au XVIIIe siècle, c'est la discussion passionnée, généreuse, mais toute politique, des droits et des devoirs. Y eut-il progrès d'une époque à l'autre ? Nous en jugerons. Sans doute, les philosophes ajoutèrent au travail de leurs devanciers, mais pouvaient-ils se vanter de n'avoir rien laissé perdre ? D'autre part, s'ils n'ont pas aussi bien connu l'homme, ils ont plus fait pour lui.

Quelle idée avaient-ils de l'homme et de sa nature ?

L'existence simultanée, dans l'âme humaine

comme dans le monde, de deux éléments contraires, du bien et du mal, donne naissance au premier, au plus important problème que la morale ait à résoudre ; de celui-là dérive la solution de tous les autres. Il s'agit, non-seulement d'expliquer par une raison satisfaisante l'antagonisme de ces deux principes toujours en lutte comme l'Ahriman et l'Ormuzd de la mythologie persane, mais aussi de dire quel est celui des deux qui domine en nous ; et selon que notre nature sera jugée foncièrement bonne ou foncièrement mauvaise, il s'ensuivra, on le comprend assez, une différence complète dans la théorie des droits et des devoirs de l'homme.

Aussi cette question mystérieuse se retrouve-t-elle à l'origine de tous les systèmes philosophiques, de toutes les religions. Le christianisme la résout par le dogme du péché originel : depuis la désobéissance et la chute de nos premiers parents, le mal a dominé au point que l'homme, pour en triompher, pour parvenir à la vertu et au salut, ne peut compter sur ses seules forces. Il lui faut le secours surnaturel et toujours renouvelé de la grâce; sans elle, il ne peut être que faible et désarmé. Mais la philosophie, qui a divinisé la nature, ne peut admettre que ses productions soient incomplètes ou défectueuses. Cependant le mal existe : qui pourrait le nier? Pangloss n'a converti personne ; il faut expliquer l'existence de ce principe ennemi. Rien de plus facile : on fera retomber toute la faute sur l'homme, et l'on dira comme Rousseau : Tout est bien sortant des mains de l'auteur des choses ; tout dégénère entre les mains de l'homme.

Mais comment celui-ci, créé par la nature dont toutes les œuvres sont parfaites, a-t-il trouvé en lui-même de quoi tout corrompre ? Ne laisse-t-on pas entendre qu'il a comme créé le mal à son tour, soit en lui-même, soit autour de lui, et l'aurait-il pu faire, si le germe n'en eût été tout d'abord déposé au fond de son être ? La créature ne peut créer. L'homme n'est donc pas seul responsable du mal qu'il a pu introduire en ce monde. Quand ils déclarent que la nature avait tout fait pour le bien, et que l'homme a tout perdu, les philosophes ne répondent pas ; ils ne font que remplacer une affirmation par une autre, et le problème n'en demeure pas moins obscur. Mais est-il de ceux que l'intelligence puisse résoudre ? D'ailleurs, que le principe soit juste ou non, l'essentiel pour nous est qu'il fut admis, et devait entraîner les plus graves conséquences.

Le théâtre contribua pour sa part à cette réhabilitation de la nature humaine. On peut citer nombre de vers dirigés contre la doctrine du péché originel. Loin de naître pervers et souillé, l'homme possède en lui-même tous les bons penchants, et surtout

> La douce humanité, plus instinct que vertu, [1]
> Ce premier sentiment qui ne s'est jamais tu,
> Né dans nous, avec nous, et l'âme de notre être.

---

[1] Lemierre. *La Veuve du Malabar*, Acte III, Scène 5.

Il est donc tout simple que l'on dise ensuite [1] :

> Le crime sur la terre est toujours étranger ;
> Comme tous les fléaux, il n'est que passager.

Généreuse illusion ! elle est partout alors :

> Tant le cœur des mortels, lorsque rien ne l'altère, [2]
> Porte de la bonté le divin caractère.

On ne répète plus avec Hobbes : *homo homini lupus*. Au contraire, chacun est porté vers ses semblables par un mouvement de sympathie spontanée. Combattue sans cesse, presque anéantie par les vices et les crimes de la société, cette bonne nature primitive n'a cependant pas tout à fait disparu ; elle s'est réfugiée au plus profond de nos cœurs, où elle sommeille : mais quelquefois elle se ranime et cherche à reconquérir son ancien pouvoir. Alors sa voix se fait entendre.

Cette voix fut pendant un temps maîtresse du théâtre. Aucun personnage vertueux ou né sensible, sur le point de se laisser entraîner au mal, ou dominé par une douce émotion, saisi de respect à la vue d'un bel acte de courage, d'abnégation, d'humanité, ne manqua de déclarer, dans un soudain transport d'enthousiasme, qu'il venait d'entendre en lui-même le cri de la nature.

Ecoutons une jeune fille qui, après avoir ignoré

---

[1] Lemierre. *La Veuve du Malabar*, Acte III, Scène 5.
[2] Lefèvre. *Zuma*, Acte II, Scène 1.

longtemps sa naissance, retrouve sa famille, et reconnaît sa sœur dans une étrangère qu'elle avait déjà vue avec plaisir.

> Ah! je vois maintenant, et tout mon cœur m'assure [1]
> Qu'il existe, en effet, ce cri de la nature,
> Cet instinct qui, sans nous, prompt à nous enflammer,
> Nous indique l'objet que nous devons aimer.

C'est là sa première parole; singulière effusion pour une âme sensible. Exprimée plus brièvement, avec simplicité et modestie, cette réflexion pourrait être touchante. « Avant de vous connaître je vous aimais déjà » que de fois l'a-t-on dit! mais ici, rien n'est plus froid.

De Belloy n'a pas écrit une pièce où cette voix ne retentisse.

> Mais l'humanité sainte est au fond de vos cœurs [2].
> Sans doute elle y gémit; écoutez son murmure :
> Que le remords s'éveille aux cris de la nature.

Autre exemple du même auteur :

> Et je sens que l'amour, lorsque l'honneur l'épure [3],
> Donne encor plus de force au cri de la nature.

La rime est inévitable, sauf cette fois.

> O triste humanité, tu gémis dans mon cœur [4] !
> Nature, je t'entends jeter un cri plus tendre :
> De tes larmes mes yeux ont peine à se défendre.

---

[1] *La Femme jalouse*, comédie de DESFORGES, Acte V, Scène 3.
[2] *Zelmire*, Acte IV, Scène 8.
[3] *Le Siège de Calais*, Acte II, Scène 3.
[4] *Pierre le Cruel*, Acte V, Scène 8.

De pareilles larmes sont fréquentes. A la sécheresse de cœur, à la raillerie sceptique, avait succédé une sensibilité outrée. L'émotion vertueuse de ce dernier personnage, Henri de Transtamarre, ne l'empêchera pas, dans un moment, de tuer de sa propre main son frère don Pèdre. De Belloy, qui n'était guère philosophe, peut nous faire juger des autres [1].

Cet instinct naturel a quelques-uns des effets de la grâce. Notons pourtant une différence. La grâce est rare, et l'esprit souffle où il veut : la nature parle toujours et à tous, même aux plus endurcis, de manière à produire des conversions soudaines et surprenantes.

Ainsi les philosophes de ce siècle — Voltaire excepté — sont unanimes à reconnaître que l'homme est né parfait, que s'il s'est, la plupart du temps, écarté de la vertu primitive et du vrai bonheur, il y peut revenir en se rapprochant de sa mère, la douce et bienfaisante nature. Ce n'est plus l'idée des anciens sur l'âge d'or. Ceux-ci ne parlent qu'avec regret de l'époque bienheureuse où les Dieux habitaient sur la terre ; mais depuis longtemps les Dieux se sont retirés dans l'Olympe, l'âge d'argent est arrivé, puis l'âge de fer, et les hommes souffrent

---

[1] Une comédie en un acte, *le Cri de la Nature*, fut jouée en 1769 sur le théâtre de Fontainebleau. On y voyait un petit enfant en maillot. Les amis de l'auteur craignaient que cette innovation ne révoltât les gens délicats. Elle produisit au contraire le plus grand effet. On pleura à chaudes larmes. (Bachaumont.)

mille maux sans espérer de remède. Rarement il est question d'un avenir meilleur; si l'on annonce une ère nouvelle, prospère et réparatrice, cette promesse est due à l'imagination exaltée du poète plutôt qu'à la confiance virile du philosophe; lorsque Virgile, dans sa quatrième églogue, prédit une régénération universelle, c'est qu'il se fait l'écho des idées messianiques, et appelle un secours surnaturel, une intervention mystérieuse. Les modernes, au contraire, ne comptent que sur les forces de l'homme, sur le secours de la raison, et leur confiance est entière. Ils ont la foi avec toutes ses illusions généreuses, ils affirment une prochaine et complète victoire. Il y a excès dans leur imperturbable optimisme, ils croient trop à la réalisation immédiate de leurs rêves, à la perfectibilité indéfinie de la nature humaine et de la société : erreur si l'on veut, mais erreur noble et belle.

La génération qui voulut mettre en pratique leurs doctrines partageait cette confiance, et, malgré de cruels mécomptes, la conserva jusqu'au bout : Condorcet, mourant victime de la Révolution, ne désespérait pas du progrès. De là cette ardeur de réformes, cette croyance à la vertu infaillible d'un décret, d'un article de loi; ce parti-pris de ne faire entrer dans les données du problème ni les intérêts ni les passions, ni les habitudes, ni les préjugés, ni l'inconstance humaine. De là aussi, au milieu des amertumes et des déchirements de la lutte, ces moments d'enthousiasme, où les ennemis de la veille, et du lendemain, hélas! s'embrassaient en pleurant; le 4 août, la Fédération, fêtes de la sincérité et de l'espérance, aurores lumineuses bientôt suivies de jours si sombres.

CHAPITRE II

EXCELLENCE DE LA NATURE HUMAINE. — L'HOMME SAUVAGE.

Cependant la nature, si l'on en croit les philosophes, n'accorde pas à tous les mêmes faveurs. Par la civilisation, l'homme a perdu sa pureté originelle; son cœur est rarement digne de servir de temple à la divinité. Elle préfère ceux dont l'état social n'a pas encore altéré les mœurs, les sauvages pour tout dire ; et ce raisonnement est irréprochable. Si tout était bien au commencement du monde, l'homme le plus parfait doit être celui qui s'est le moins écarté de son origine, de l'état de nature : l'Européen sera le moins parfait de tous. Quelques voyageurs déjà imbus des idées nouvelles, entre autres Bougainville, ne parlaient qu'avec admiration des contrées récemment découvertes, où leur optimisme complaisant prétendait trouver la confirmation des paradoxes de Rousseau. C'était un tableau enchanteur. Les îles de l'Océanie étaient l'asile du bonheur, de toutes les vertus primitives ; Otahiti, la nouvelle Cythère, rappelait les merveilles de l'âge d'or. Les philosophes, à leur tour, empruntaient à ces fictions qu'ils avaient en partie inspirées des arguments nouveaux, et ne voyaient dans les coutumes les plus grossières qu'une aimable ingénuité. Ainsi Diderot, dans un dialogue licencieux et cynique, ne craignait pas d'opposer à la dépravation des mœurs européennes, comme un modèle de parfaite raison, de candeur touchante et d'innocence, l'accouplement bestial des Otahitiens, *volgivago more ferarum*. On était revenu à ce lieu commun des poètes anciens, aux temps fortunés du bon roi Saturne : on oubliait la peinture si énergique, si sombre, et pourtant si vraisemblable, que Lucrèce a donnée de l'affreuse existence des premiers hommes.

C'est par cette réhabilitation de la nature et du sauvage que la comédie philosophique débuta, en pleine Régence. Si le rapprochement n'est pas une profanation, nous dirons qu'*Arlequin sauvage* fut dans un genre ce qu'*Œdipe* avait été dans l'autre. Cette pièce resta longtemps célèbre, et son succès ne peut nous étonner. Ecrite en 1721, on la croirait plutôt contemporaine des dernières années de Louis XV ; son auteur inconnu, Delisle, a si bien deviné Rousseau et Diderot, qu'on serait tenté de voir en lui un précurseur.

La donnée est ingénieuse, elle fut souvent reproduite par les contes et les romans comme l'*Ingénu*, etc. ; il s'agit d'un sauvage, transporté tout d'un coup en pleine civilisation, et qui exprime son étonnement naïf par les critiques les plus mordantes. Les *Lettres persanes* paraissaient alors ; leur succès extraordinaire amena un vrai déluge de lettres de toutes les nations : dans cette foule de contrefaçons, les Chinois, les Indiens, les Arabes, gens instruits et sachant écrire, ne pouvaient que comparer leur société à la nôtre, et copier avec plus ou moins d'esprit les malices de Montesquieu, qui s'était réservé la fleur du sujet. Mais parmi tant d'imitateurs, Delisle sut se maintenir original, grâce à cette heureuse idée de remplacer le voyageur civilisé par le vrai sauvage ; le contraste était imprévu et piquant.

Les personnages sont ceux de toutes les anciennes comédies italiennes, Lélio, Mario, Pantalon, Flaminia, Violette : caractères consacrés par la tradition et sans intérêt pour nous. Un seul rôle est nouveau, sous le nom inévitable d'Arlequin ; c'est celui du compagnon de voyage que Lélio a pris on ne sait où, et avec lequel il débarque à Marseille. Ne nous étonnons pas de cette métamorphose d'un personnage habitué au contraire à se transformer sans cesse : *Arlequin roi de Sérendib, Arlequin roi des Ogres, Arlequin sultane favorite, Arlequin Deucalion, Arlequin Mahomet, Arlequin Thétis, Colombine Arlequin ou Arlequin Colombine*, les recueils de la Foire sont riches en surprises.

A peine sorti du vaisseau, et dès la seconde scène, Arlequin commence à réfléchir pour tout condamner ; il dit à son maître :

— Je pense que voici un mauvais pays, et, si tu m'en crois, nous le quitterons bien vite.

LÉLIO.

Pourquoi ?

ARLEQUIN.

Parce que j'y vois des sauvages insolents qui commandent aux autres et s'en font servir, et que les autres, qui sont en plus grand nombre, sont des lâches qui ont peur et font le métier de bêtes ; je ne veux point vivre avec de telles gens.

L'autorité attaquée, la révolte montrée facile à ceux qui possèdent la force et qui n'auraient qu'à vouloir ; ce début n'est pas mal. Lélio croit répondre en disant qu'on se trouve parmi des nations civilisées.

ARLEQUIN.

Qu'est-ce que cela, des nations civilisées ?

LÉLIO.

Ce sont des hommes qui vivent sous des lois.

ARLEQUIN.

Sous des lois ! et quels sauvages sont ces gens-là ?

LÉLIO.

Ce ne sont pas des sauvages, mais un ordre puisé dans la raison, pour nous retenir dans nos devoirs, et rendre les hommes sages et honnêtes gens.

ARLEQUIN.

Vous naissez donc fous et coquins dans ce pays ?

LÉLIO.

Pourquoi le penses-tu ?

ARLEQUIN.

Il n'est pas bien difficile de le deviner. Si vous avez besoin de lois pour être sages et honnêtes gens, vous êtes fous et coquins naturellement ; cela est clair.

Un peu plus loin il ajoute :

Mais puisque vous avez de la raison, pourquoi avez-vous besoin de lois ? Car si la nature apprend à faire le bien et à faire le mal, cela suffit ; il n'en faut pas davantage.

Ceci nous mène aux paradoxes de Rousseau : la nature est bonne, la civilisation et les lois l'ont corrompue. A cette discussion trop abstraite peut-être pour l'intelligence primitive d'Arlequin en succède une autre plus légère, plus comique, sur la politesse, dont le jeune sauvage ne peut comprendre les exigences légitimes, puis il se trompe sur l'explication qu'on lui donne, passe d'un extrême à l'autre, et finit par croire qu'il lui suffit de parler pour qu'on s'empresse de satisfaire aussitôt tous ses désirs : illusion qui va produire bien des mécomptes. Il voit Violette, la suivante de Flaminia, et veut l'aimer à sa façon.

« Dans mon pays, dit-il, on présente une allumette aux filles (une allumette chez les sauvages ! enfin...) si elles la soufflent, c'est une marque qu'elles veulent nous accorder leurs faveurs ; si elles ne la soufflent pas, il faut se retirer. Cette méthode vaut bien celle de ce pays, elle abrége tous les discours inutiles. »

Violette s'amuse à souffler. Aussitôt Arlequin, qui ne plaisante pas, la saisit, l'emporte dans ses bras vigoureux ; on a toutes les peines du monde à le convaincre qu'il faut en France un peu plus de cérémonies pour s'épouser. Un moment après, c'est un marchand ambulant qui vient lui faire des offres de service. Arlequin le prend au mot, le remercie de sa politesse, s'empare de tout ce qui lui plait, puis, lorsqu'il s'agit de payer, ne comprend plus, se fâche, et bat le marchand dont il conserve la perruque en guise de trophée.

Oh ! oh ! qu'est-ce donc que cela ? Cette chevelure n'est point naturelle... Comment diable, à ce que je vois, les gens d'ici ne sont point tels qu'ils paraissent, et tout est emprunté chez eux, la sagesse, la bonté, l'esprit, la chevelure.

Mais les archers arrivent et le menacent de la potence ; Lélio le tire enfin de leurs mains et paie le marchand ; il faut alors expliquer l'usage de l'argent, question délicate, car elle entraîne celle de l'inégale répartition des richesses.

Je vais te l'expliquer. Il y a deux sortes de gens parmi nous, les riches et les pauvres. Les riches ont tout l'argent, et les pauvres n'en ont point.

ARLEQUIN.

Fort bien.

LÉLIO.

Ainsi, pour que les pauvres en puissent avoir, ils sont obligés de travailler pour les riches, qui leur donnent de cet argent, à proportion du travail qu'ils ont fait pour eux.

ARLEQUIN.

Et que font les riches tandis que les pauvres travaillent pour eux ?

LÉLIO.

Ils dorment, ils se promènent, et passent leur vie à se divertir et à faire bonne chère.

ARLEQUIN.

C'est bien commode pour les riches.

Tout cela indigne le naïf sauvage :

> Vous êtes fous, car vous cherchez avec beaucoup de soins une infinité de choses inutiles. Vous êtes pauvres, parce que vous bornez vos biens dans l'argent ou d'autres diableries; au lieu de jouir simplement de la nature comme nous, qui ne voulons rien avoir, afin de jouir plus librement de tout : vous êtes esclaves de toutes vos possessions, que vous préférez à votre liberté et à vos frères, que vous feriez pendre s'ils avaient pris la plus petite partie de ce qui vous est inutile. Enfin vous êtes ignorants, parce que vous faites consister votre sagesse à savoir les lois, tandis que vous ne savez pas la raison qui vous apprendrait à vous passer de lois comme nous.

Le plus grave est que Lélio, à bout d'arguments, lui donne raison par cet aveu : « Oui, mon cher Arlequin, nous sommes des fous, mais des fous réduits à la nécessité de l'être. »

A côté de ces attaques dangereuses, de simples satires de mœurs auraient pour nous moins d'intérêt. Faut-il parler de la justice, aussi mal comprise du sauvage que la richesse ou la propriété, et de la fureur comique dans laquelle il entre lorsqu'il apprend ce que c'est qu'un avocat ou un procureur? « Quoi ! parce que je ne sais pas l'art d'embrouiller mon affaire, je ne puis pas la plaider? » Le mot est heureux, Arlequin a souvent de ces réparties spirituelles.

L'auteur avant tout cherche à rire, mais sa gaieté n'est pas inoffensive. Il ne se propose pas seulement de plaire par une fiction nouvelle et ingénieuse ; il oppose l'une à l'autre la civilisation et la nature, il fait à la société son procès. L'intention de tout discuter n'est pas contestable, et l'on peut s'étonner de la tolérance du pouvoir, qu'effrayèrent souvent d'autres attaques moins dangereuses. Il est vrai que Delisle écrivait sous la Régence ; tout paraissait permis à l'esprit. L'autorité surveillait avec soin les œuvres sérieuses destinées à une scène plus noble ; sans doute, elle dédaigna une pièce bouffonne, que devait excuser l'excentricité bien connue du genre. Cette comédie n'en fut pas moins populaire; elle laissa même un long souvenir ; lorsque Voltaire annonça qu'il allait donner dans *Alzire* la peinture des mœurs américaines opposées à celles de l'Europe, il se trouva un impertinent pour lui répondre : « Je vois d'ici que c'est Arlequin sauvage. »

Un an après, Delisle fit paraître une nouvelle comédie, *Timon le Misanthrope*, où s'exerçait encore, mais avec moins de bonheur, la même verve satirique et paradoxale. Cette fois le héros, l'Arlequin qui moralise à tout propos et fait la leçon à tout le monde, voire à Socrate, n'est plus même un Iroquois ou un Peau-Rouge, moins que cela, c'est un âne changé en homme. Le prologue explique cette métamorphose flatteuse pour notre espèce. Timon ruiné, abandonné de ses amis, courtisans et parasites, dégoûté de la société humaine, s'est réfugié sur une montagne, où il vit en compagnie de son âne, le seul être qui lui soit resté fidèle. Lorsque les dieux lui viennent offrir aide et protection, il les supplie, pour toute faveur, d'accorder à cet animal le don de la parole : je pourrai du moins, dit-il, m'entretenir avec lui dans ma solitude. Son vœu est plus qu'exaucé : le baudet devient un homme, et celui-ci, aussitôt délivré de ses longues oreilles, commence à déraisonner étrangement; entre autres fantaisies, il démontre à Timon que l'homme est fait pour l'âne, et non l'âne pour l'homme, comme on l'avait cru jusqu'alors. Après ces folies du prologue, nous pourrions nous attendre à une comédie vive et amusante; mais un auteur se copie rarement avec succès : la pièce est bizarre, sans gaieté, et l'intrigue n'a rien qui nous attache ; peu importe comment Timon sera guéri de sa misanthropie. Pour Arlequin, il semble perdre son esprit à mesure qu'il s'éloigne de son origine animale. Néanmoins il a encore du bon sens, et se fait admirer de Socrate qu'il va consulter sur les moyens d'acquérir de la gloire. Le sage lui propose d'abord d'être noble, et de se choisir quelque illustre ancêtre.

ARLEQUIN.

Et après cela je ne serai plus le fils de mon père ?

SOCRATE.

Vous serez toujours ce que vous êtes, car le généalogiste ni les dieux mêmes ne peuvent pas faire que vous ne soyez né de votre père; mais il y aura des hommes qui, ne sachant pas votre origine, vous croiront ce que vous n'êtes point, et ceux qui le sauront se moqueront de vous... Le généalogiste ne peut vous donner que de vains titres qui ne changent rien chez vous.

ARLEQUIN.

C'est donc un fripon, et ceux qui achètent de semblables naissances sont donc des dupes.

Assurément, répond Socrate, surpris de voir cet âne raisonner mieux que bien des hommes ; à défaut de cette gloire, il faut donc lui en chercher une autre.

Vous pouvez aller à la guerre ; si vous couvrez les champs de corps morts, si vous saccagez bien des villes, si vous désolez les campagnes et détruisez par vos fureurs des nations entières, vous vous ferez un nom éternel, et l'on vous mettra au rang des plus grands héros.

Encore une illustration qu'Arlequin repousse avec horreur : décidément il est seul digne de comprendre Socrate. La pièce se termine par de hautes réflexions du même personnage.

« Si j'avais été parmi des ânes, je n'aurais pas été exposé à faire tant de sottises, parce que les leurs ne m'y auraient pas engagé. On ne voit point chez eux de gloire ni de bien chimérique ; on ne les voit point ramasser des herbes qu'ils ne peuvent manger pour en priver les autres ; ils ne connaissent point ces noms odieux de voleurs, d'ingrats, de tyrans, ni enfin tout ce catalogue d'iniquités que les possessions ont introduites chez les hommes..... triste nécessité qui me fait regretter mon premier état ! »

Si Timon a cessé d'être misanthrope, on voit qu'Arlequin l'est devenu à la place de son maître. Voilà ce que Delisle avait osé dire en riant. Il semble que son impunité autant que son succès auraient dû susciter de nombreux imitateurs. Cependant *Arlequin sauvage* et *Timon* restèrent une exception, une singularité, et bien des années s'écoulèrent avant que la comédie s'engageât franchement dans la lutte. Sans songer à détruire les préjugés ou à réformer les lois, nombre d'auteurs se contentaient, comme par le passé, de railler les ridicules de la mode, les caprices passagers du siècle, ou les éternels travers de la nature humaine. Ainsi faisaient Piron dans sa *Métromanie*, Destouches dans *le Glorieux* ou *le Dissipateur*.

Lorsque plus tard l'homme sauvage reparut sur le théâtre, on célébra plus que jamais ses vertus. Toujours l'Européen, abjurant ses erreurs, finissait par se prosterner avec respect devant lui.

La tragédie de *Zuma*, qui nous a déjà fourni quelques vers, a pour principaux personnages deux fils du célèbre Pizarre ; ces frères ont éprouvé des fortunes bien différentes. L'un, qui commande encore les Espagnols, a tous les défauts ; violent, cruel, il a commis des crimes, veut en commettre encore, et meurt victime de ses passions. L'autre, depuis ses premiers ans séparé de sa famille qu'il ne connaît pas, recueilli par les Péruviens, élevé par eux au milieu des forêts, est doux, simple, loyal, dévoué, et brave sans jactance. L'Espagnol, frappé à mort, ne peut dire adieu au frère qu'il vient de retrouver sans rendre hommage à la nature, sans conseiller à Zeliskar de ne la quitter jamais.

Toi, près de ces objets si bienfaisants, si chers,
Coule des jours heureux au sein de ces déserts ;
Ne les quitte jamais. C'est là que la Nature
Ose élever encore une voix libre et pure,
Et, de l'autre hémisphère ignorant les erreurs,
Se cache à l'homme ingrat qui corrompit ses mœurs.
J'expire, heureux encor qu'à ses lois moins rebelle,
Le dernier de mes vœux soit un retour vers elle.

Nous sommes loin de Voltaire ; celui-ci, lorsqu'il écrivit *Alzire*, n'avait en vue qu'un contraste nouveau et dramatique. Après avoir tenu longtemps la balance égale entre Gusman et Zamore, il donnait enfin l'avantage au chrétien pour son pardon sublime, montrant par là quelle supériorité morale la religion bien comprise et la civilisation procurent à l'homme, tandis que la seule loi du sauvage est d'obéir à ses passions effrénées. Certes, Voltaire jugeait ses contemporains bien barbares ; ses compatriotes n'étaient que des Welches ; mais les temps passés lui étaient encore bien plus odieux. Ici, la conversion *in extremis* de Pizarre est tout l'opposé de celle de Gusman : l'Espagnol avoue ses erreurs, non pour revenir au véritable esprit du christianisme, mais pour avouer que la civilisation l'avait corrompu.

Il faut également signaler la *Jeune Indienne* de Chamfort, quoique cette comédie ait le défaut d'être à peine développée. Ce n'est pas en dix scènes qu'un auteur, quel qu'il soit, peut donner une étude complète de caractères, et dénouer à notre entière satisfaction une intrigue assez compliquée. Ainsi peut-on admettre qu'à un âge où la légèreté n'est plus permise, Belton, séparé depuis cinq ans d'un père dont il a par son inconduite avancé la vieillesse, et dont il veut implorer le pardon, au lieu d'aller se jeter dans ses bras, s'arrête avant de le voir, et lui prépare peut-être un nouveau sujet d'offense par un mariage conclu sans son agrément? Et quel mariage! Belton épouse une Indienne, riche sans doute de charmes et de vertus, mais dont la première vue pourra surprendre sa nouvelle famille. Il la connaît depuis plusieurs années; rien ne l'empêcherait de différer de quelques jours; lui-même, une heure auparavant, ne croyait pas cette union possible, ne semblait pas même la souhaiter. L'action prête à bien des critiques; mais l'intérêt pour nous est ailleurs, dans les caractères. Betti (c'est le nom anglais de l'héroïne) a quelques-uns de ces étonnements naïfs déjà exprimés en pareille circonstance par Arlequin sauvage : elle ne peut comprendre ce que c'est que la richesse,

BETTI.

Eh ! Dis-moi ; suis-je riche, Belton ?

BELTON.

Toi? Non, tu n'as pas d'or.

BETTI.

Quoi ! ce métal stérile.
Que j'ai vu...

BELTON.

Justement.

BETTI.

     Il te fut inutile ;
Tu ne t'en servis pas pendant plus de quatre ans.
Mais dans ce pays-ci tu connais bien des gens ;
Ils t'en donneront tous, s'il t'est si nécessaire ;
Ils ne voudront jamais laisser souffrir leur frère.

Il est donc nécessaire de lui expliquer l'origine et l'inégale répartition des biens, on lui dit en parlant de l'or :

  L'un le tient du hasard, et tel autre d'un père.
Du crime trop souvent il devient le salaire ;
Mais la vertu souvent a produit...

BETTI.

        Que dis-tu ?
Avec de l'or ici vous payez la vertu ?

BELTON.

Contre le besoin d'or l'infaillible remède...

BETTI.

Eh bien ?

BELTON.

    C'est de servir quiconque le possède.
De lui vendre son cœur, de ramper sous les lois.

BETTI.

O ciel ! J'aime bien mieux retourner dans nos bois.
Quoi ! quiconque a de l'or, oblige un autre à faire
Ce qu'il juge à propos, tout ce qui peut lui plaire ?

BELTON.

Souvent.

BETTI.

En laissez-vous aux malhonnêtes gens ?

BELTON.

Plus qu'à d'autres.

BETTI.

De l'or dans les mains des méchants !...

Elle ne connaît à peu près qu'une privation, le manque de vêtements, d'abri ou de nourriture. Les autres besoins factices, le superflu mondain, pourtant si nécessaire, cette seconde pauvreté inventée par les hommes, tout cela lui paraît étrange et peu digne d'envie. Autre malice de l'auteur, mais plus innocente ; lorsque le contrat est signé, (car il y a un contrat qu'elle signe tant bien que mal, il y a même une dot de 50,000 écus que lui assure le quaker Mowbrai), elle ne sait pas trop ce qui vient de se passer, et dit à son amant, en désignant du doigt le notaire :

Quoi ! sans cet homme noir, je n'aurais pu t'aimer ?

Sur cette donnée si facile, déjà indiquée par d'autres, Chamfort pouvait passer en revue toute la société ; mais le contraste des sentiments l'a surtout préoccupé. Après cinq années passées dans une île perdue, avec un sauvage et sa fille pour seule compagnie, tout autre naufragé, Robinson lui-même, serait heureux de se retrouver dans son pays. Telle n'est pas la pensée de Belton : à peine est-il rentré dans la société des hommes, qu'il souffre, qu'il regrette son existence d'autrefois.

> O ciel ! Je possédais, dans ma félicité,
> Ce cœur tendre et sublime avec simplicité.
> Heureux et satisfaits du bonheur l'un de l'autre,
> Dans un affreux séjour quel destin fut le nôtre !
> Le mépris n'y suis point la triste pauvreté.
> Le mépris ! ce tyran de la société,
> Cet horrible fléau, ce poids insupportable,
> Dont l'homme accable l'homme et charge son semblable !

Faisons, si l'on veut, la part de l'amour qui l'égare. Mais ne va-t-il pas un peu loin ? Ces imprécations contre la société sont plus supportables chez Betti ; lorsqu'elle se croit abandonnée, elle a le droit de maudire ce pays où elle n'a été amenée que pour souffrir, cependant elle ne parle guère en Ariane délaissée :

> Exécrable séjour, asile du malheur,
> Où l'on a des besoins autres que ceux du cœur...
> Que ne me laissais-tu dans le fond des forêts ?
> J'y pourrais sans témoins gémir de tes forfaits.
> Dans mon obscur réduit, dans ma grotte profonde,
> Savais-je s'il était des malheureux au monde ?
> Tire-moi de ces lieux. Qu'au moins dans ma misère
> Mes pleurs puissent couler sur le tombeau d'un père.
> Toi, cruel, vis ici parmi des malheureux ;
> Ils te ressemblent tous, s'ils te souffrent chez eux.

C'est alors que Belton, vaincu par ces reproches, tombe aux pieds de la jeune indienne en lui jurant d'être fidèle, et que Mowbrai, témoin de cette scène, pousse l'exclamation d'usage

> O spectacle touchant ! Tendresse aimable et pure,
> L'amour porte en mon sein le cri de la nature.

Ce quaker est un honnête homme, d'autant plus digne d'entendre la nature qu'il s'en rapproche davantage lui-même, et pour la forme, car il considère les politesses comme autant de mensonges, et pour le fond, car il est humain, sensible, généreux, presque autant qu'un homme des bois.

Pour un Européen, le vrai moyen de se régénérer à la source de toutes les vertus, le voici : qu'il aille passer quelques mois hors de sa patrie, chez les Hurons ou les Iroquois ; il deviendra meilleur en si bonne compagnie. « Madame, dit quelque part [1] un vieil oncle arrivant d'Amérique, Madame, je suis vrai, je viens d'un pays (le Canada), où l'on dit bonnement sa pensée ; il semble qu'on respire encore, dans cet heureux climat, un air de cette franchise, de cette droiture naturelle aux sauvages. »

Telle était l'opinion commune ; mais il y eut quelques dissonances, et la civilisation condamnée trouva encore des défenseurs. Sans compter ceux qui, par intérêt ou par conviction, se mirent au service des adversaires de la philosophie, et attaquèrent les novateurs même sur la scène où ils semblaient régner en maîtres, on vit des écrivains qui, sur cette question particulière, se déclarèrent pour Vol-

---

[1] *L'Amant auteur et valet*, Scène 6.

taire contre Rousseau. L'auteur du *Mondain* n'avait pas entrepris sur le théâtre la réfutation de ces paradoxes; il avait même cédé une fois à l'influence dominante, en décrivant le bonheur des Scythes à moitié barbares. Le Blanc de Guillet se chargea de justifier la société ; c'est alors qu'il composa son fameux *Manco-Capac*. On ne pouvait le soupçonner de trahison, il avait donné assez de gages à son parti pour se faire pardonner cette velléité d'indépendance. Le Blanc de Guillet était un martyr de la religion nouvelle ; nous savons ce qu'il souffrit à l'occasion de sa malencontreuse tragédie des *Druides*. Il fit de Manco-Capac, le premier Inca du Pérou, une sorte d'Orphée, de Prométhée, initiant un peuple barbare à toutes les douceurs de la vie civilisée. Laissons ce grand législateur parler lui-même et raconter ses bienfaits : Qu'étaient les Péruviens avant lui ?

> Rappelle-toi ces bois, ces antres, ces rivages
> Qu'aux plus vils animaux, peut-être moins sauvages,
> Disputent des humains errants, infortunés,
> A leur féroce instinct sans guide abandonnés,
> Et dans qui l'œil confus a peine à reconnaître
> L'homme presque effacé par l'oubli de son être.

Il le répète ailleurs encore.

> Vous savez qu'avant vous, errants et séparés,
> Comme de vils troupeaux au hasard égarés,
> Les humains, sous le poids d'une obscure existence,
> Ignoraient l'art de vivre au sein de l'abondance.
> Aveugles sur les biens qui naissaient sous leurs pas,
> Ils possédaient la terre et n'en jouissaient pas.

Manco le premier a construit une ville,

Des arts et des vertus noble et superbe asile.

Puis, grâce à ses soins, les Péruviens vécurent dans l'abondance, les crimes furent punis, l'innocence protégée ; la culture des arts procura des jouissances inconnues, la société fut tout à coup transformée. On voit que le poète s'est appliqué à faire de son héros un souverain sans rival : tel il se montre dans la pièce, éclairé, magnanime, plein de noblesse et de majesté. Une peuplade féroce, les Antis, a seule repoussé ses lois, et préféré à tous les bienfaits des nouvelles mœurs l'indépendance et la misère au fond des forêts. De là une guerre incessante et cruelle. Le chef des Antis, Huascar, homme d'une fierté ombrageuse, ne respirant que la haine et la vengeance, est en parfait contraste avec le roi des Péruviens ; c'est l'homme de la nature, avec ses passions indomptées, pourtant capable de vertu. D'abord Huascar prisonnier a refusé le pardon et l'oubli que lui offrait le vainqueur ; non qu'il soit implacable, seulement son âme était aveuglée. Bientôt la grandeur et la clémence de Manco le touchent et préparent sa soumission. Une lutte de générosité s'engage. Le chef des Antis sauve le fils du roi qu'un prêtre criminel allait poignarder ; enfin il tombe de lui-même aux pieds de son adversaire. « Je bravais ta valeur, dit-il, j'adore ta vertu. » Il abjure ses anciennes erreurs, et promet une amitié fidèle ; mais ce n'est pas sans résistance qu'il a capitulé ; les deux rivaux ont lutté d'éloquence comme de noblesse. Tout inculte qu'il est, Huascar a répondu sans peine à un discours par un autre, et, dans une discussion en règle, il a soutenu avec ténacité la supériorité de ses coutumes. « Voilà l'homme civil, reconnais le sauvage, » disait-il à Manco, comparaison peu flatteuse ; l'homme civil était le prêtre qui avait voulu tuer le fils de son roi, et le sauvage, celui qui venait de sauver un ennemi. Huascar s'est donc bien défendu, et sa conversion est assez disputée pour qu'on la croie sincère, définitive.

L'intention de réfuter est manifeste ; mais cette protestation contre les doctrines de Rousseau est courtoise, sans aigreur, comme adressée à un ami que l'on respecte ; rien qui sente le fiel de Palissot.

Le Blanc de Guillet fut applaudi ; mais il ne convertit personne.

CHAPITRE III

L'ÉGALITÉ ENSEIGNÉE PAR LES MARIAGES.

La nature était donc réhabilitée. L'humilité chrétienne, qui inspire à l'homme le sentiment de son impuissance, fit place à l'orgueil. Chacun se sentait possesseur d'une dignité native, inaliénable : l'homme se considéra comme une créature sacrée. Dès lors, il ne fut pas rare d'entendre un personnage quelconque de drame ou de comédie qui parlait de lui-même sur le ton le plus respectueux. Dans un rôle où l'on s'humilie d'ordinaire à l'excès, un solliciteur s'écrie : « Je suis homme, et j'en conserverai la dignité. » Si tout être humain est revêtu de ce caractère ; si le pauvre lui-même, surtout le pauvre, est respectable [1], *res sacra miser*, que devient l'an-

---

[1] Dans une scène du *Père de Famille* (II. 2), le héros de Diderot, s'entretenant d'affaires avec son intendant et plusieurs personnes, aperçoit un pauvre honteux. Il se lève avec empressement, s'avance vers lui, et lui dit à voix basse : « Pardon, monsieur, je

cienne idée de l'inégalité des conditions? C'est contre ce préjugé que la philosophie dirige ses plus vifs efforts ; c'est là qu'elle obtient le meilleur succès.

L'inégalité était partout, et provoquait bien des rancunes. Les gentilshommes de cour n'avaient que dédains pour les gentilshommes de province, et la noblesse d'épée pour la noblesse de robe. L'aristocratie d'argent, haïe des autres, essayait de les éclipser par son faste. Toutes ensemble méprisaient la simple bourgeoisie, et celle-ci méprisait le peuple. Ces antipathies de caste secondèrent le progrès des idées. En travaillant à rabaisser ceux qu'il voyait plus haut, chacun éleva jusqu'à soi ses inférieurs.

Si nous ne considérons que son rôle politique, la noblesse ne s'était pas distinguée en France par des services impérissables comme ceux qui la rendirent populaire en d'autres pays. Des mérites individuels pouvaient seuls être cités, et si nombreux, si éclatants qu'ils fussent, ils ne suffisaient pas à faire oublier le mal. C'est l'aristocratie qui a donné à l'Angleterre la liberté ; c'est elle encore qui, pendant des siècles, l'a gouvernée avec une fermeté, une grandeur de vues dignes du Sénat Romain. Chez nous, au contraire, c'est malgré la féodalité, à ses dépens, par l'union du peuple et du pouvoir royal, que s'est formée la nationalité française.

ne vous voyais pas... Des embarras domestiques m'ont occupé... Je vous avais oublié. » Tout en parlant, il tire une bourse qu'il lui donne furtivement, et le reconduit.

Au moyen âge, que de batailles la noblesse avait perdues par une légèreté, une indiscipline égales à sa bravoure ! depuis, que de révoltes, que de guerres civiles entreprises sans esprit politique, par pur égoïsme, avec le désir avoué de vendre cher une soumission ! Enfin, à la cour, quelle corruption servile ! Par quoi justifier les abus du despotisme féodal, les priviléges, et surtout l'exemption d'impôts ? Aussi l'attaque, de ce côté, fut-elle entraînante, irrésistible.

La tragédie a souvent proclamé le principe d'égalité : qui ne connaît ces vers de *Mahomet* ?

> Les mortels sont égaux : ce n'est pas la naissance,
> C'est la seule vertu qui fait la différence.

Mais pour développer cette idée, et pour faire voir de quelle application pratique elle était susceptible, il fallait un genre autorisé à se servir de personnages plus humbles que les rois et leurs ministres. Cette tâche fut réservée à la comédie. La variété des personnages qu'elle emploie lui permettait de rapprocher, de comparer tous les rangs, toutes les conditions, et le mariage par lequel chaque pièce se termine pouvait servir de prétexte à toutes les prédications égalitaires.

Dans la famille d'abord, il ne pouvait plus être question de sacrifier tous les enfants à un seul. Déjà le droit d'aînesse avait inspiré à Lesage une parole bien amère [1] : « Lorsqu'un fils aîné possède

---

[1] *Le Diable Boiteux*, chap. VII.

tout le bien d'une maison, je ne lui conseille pas de chasser avec son cadet. »

Voltaire fut le premier à le répéter sur le théâtre. La comédie intitulée l'*Echange, ou le comte de Boursoufle*, qui fut jouée pour la première fois à Cirey en 1734, est une satire assez gaie de cet usage féodal. Deux frères se disputent la main de Mlle Gotton ; l'aîné, le comte de Fatenville, n'est qu'un sot, le second a toutes les qualités, mais il est pauvre. « O ciel, s'écrie le malheureux chevalier parlant de son rival, faut-il que cet homme-là ait soixante mille livres de rente pour être venu au monde une année avant moi ! » C'est le seul mot sérieux de la pièce.

Dix ans plus tard, La Chaussée compose sur cette idée sa comédie de l'*Ecole des Mères*, mais au lieu d'amuser par la critique, il en appelle au sentiment. La victime du droit d'aînesse est ici une jeune fille condamnée par l'ambition maternelle. Mme Argant, une riche bourgeoise, a décidé qu'elle ferait de son fils un colonel, un grand seigneur, et qu'il serait marié richement. La pauvre Marianne serait donc forcée d'ensevelir dans un couvent sa jeunesse et son amour ignoré, si son père n'intervenait pour protester contre une telle injustice ;

L'égalité, madame, est la loi de nature.

Puis il éclate, et finit par menacer :

Je ne souffrirai point qu'un abus tyrannique,

> Qu'un usage cruel, au gré de son pouvoir,
> Me réduise à pleurer ma fille infortunée :
> J'empêcherai plutôt cet injuste hyménée.
> Je comptais obtenir ce qu'il faut arracher,
> Pour la première fois je vais parler en maître.

Mais c'est surtout à l'occasion des mariages que nous entendrons proclamer la nouvelle doctrine; ici, le progrès sera rapide et frappant.

Afin de mieux mesurer le chemin parcouru, prenons pour point de comparaison le *Jeu de l'Amour et du Hasard*, représenté en 1736. On sait quelle est l'intrigue de cette agréable comédie, chef-d'œuvre de Marivaux. Désirant connaître par avance la jeune fille qu'il doit épouser, Dorante se fait passer pour son propre valet, sans savoir que, de son côté, pour un motif semblable, Lélia a pris la place de sa suivante : ces changements de rôle étaient fréquents sur notre ancien théâtre. Passionnément épris de la fausse Lisette, après une hésitation douloureuse, Dorante se décide enfin à l'épouser, mais, comme l'observe un des personnages, ses fers seront plus dorés qu'il ne pense : à peine a-t-il pris sa résolution, qu'il apprend l'heureuse vérité. Il cédait à un excès d'amour, à une folie généreuse qui trouve aussitôt sa récompense ; mais l'auteur n'avait pas songé à le donner en exemple. En deux mots des plus simples, le jeune homme expliquait ses raisons : « Mon père me pardonnera dès qu'il vous aura vue ; ma fortune nous suffit à tous deux, et le mérite vaut bien la naissance. » Rien de plus naturel et de moins déclamatoire. Cependant il y avait déjà progrès : trente ans plus tôt, Dorante aurait moins songé à faire de la prétendue Lisette sa femme que sa maîtresse.

Avançons un peu dans le siècle, le changement des idées sera plus sensible. En 1746, Marivaux fait jouer le *Préjugé vaincu* : c'est ce titre significatif que Voltaire va bientôt donner à sa comédie de *Nanine*. Quel est ce préjugé ? Celui qui établit des distinctions de caste entre les hommes, qui veut des unions assorties selon les idées du monde, défend à une fille noble de se mésallier, et exige de la femme d'un gentilhomme, ou une noble naissance, ou une fortune assez belle pour effacer sa basse origine. Toutefois, la pièce est plus modérée que ne l'annonce son titre. Marivaux est de ceux qui savaient encore observer la mesure ; il fait usage pour nous convaincre, tantôt de la raillerie, tantôt de l'émotion, jamais il ne prêche.

Afin de rendre le préjugé ridicule, il nous montre d'abord l'orgueil de la naissance jusque chez les valets toujours prêts à singer leurs maîtres.

LISETTE.

Je suis la fille d'un homme qui était en son vivant procureur fiscal du lieu, et qui mourut l'an passé, ce qui a fait que notre jeune dame, faute de fille de chambre, m'a prise depuis trois mois cheus elle, en guise de compagnie...

LÉPINE

Procureur fiscal, dites-vous ?

LISETTE.

Oui, qui jugeait le monde, qui était honoré d'un chacun, qui avait un grand renom.

LÉPINE.

Bagatelle ! Ce renom-là n'est pas comparable au bruit que mon père a fait dans sa vie. Je suis le fils d'un timballier des armées du roi.

LISETTE.

Diantre !

LÉPINE.

Oui, ma fille ; neveu d'un trompette et frère aîné d'un tambour ; il y a même du hautbois dans ma famille. Tout cela, sans vanité, est assez éclatant.

LISETTE.

Sans doute, et je me reprends ; je trouve ça biau. Cependant vous ne servez qu'un bourgeois.

LÉPINE.

Oui ; mais il est riche.

LISETTE.

En lieu que moi, je suis à la fille d'un marquis.

LÉPINE.

D'accord, mais elle est pauvre.

Voyons les maîtres à présent. Angélique est une fille trop fière de sa noblesse : « L'honnête homme d'un certain état (un bourgeois, veut-elle dire) n'est pas l'honnête homme du mien. Ce sont d'autres façons, d'autres sentiments, d'autres mœurs, presque un autre honneur. » C'est en ces termes blessants qu'elle a repoussé les avances de Dorante, croyant qu'il parlait, non pour lui-même, mais au nom d'un ami. Quand elle a reconnu sa méprise, elle revient sur ce jugement sévère, elle encourage et finit par accepter l'amant qu'elle avait rebuté à son insu. Dorante est d'ailleurs digne de son choix ; richesse, distinction, avenir, il a tout pour lui, sauf la naissance. Mais le raisonnement et la philosophie ne sont pour rien dans la conversion d'Angélique : c'est plutôt le triomphe du sentiment sur la vanité ; le cœur seul a parlé.

Telle est, même dans ses plus grandes hardiesses, la manière sobre et discrète de Marivaux. Sans aller bien loin encore, d'autres allaient pourtant le dépasser.

Quelques mois après parut *la Gouvernante*. Cette comédie était inspirée à La Chaussée par une anecdote souvent citée à l'honneur de notre ancienne magistrature, et retraçait un acte de probité bien rare, attribué par les uns à Chamillard, par les autres au conseiller La Faluère. Un magistrat, chargé de rapporter un procès, a négligé dans l'étude des dossiers une pièce importante ; sa sentence a fait perdre la cause à ceux qui auraient dû la gagner : une famille est ruinée par sa distraction. Bientôt il reconnaît l'erreur, et se punit de ses torts en restituant à la partie lésée la somme considérable dont il l'avait ainsi frustrée ; il devient pauvre à son tour, mais sa conscience est satisfaite. Ce scrupuleux magistrat s'appelle dans la pièce le président de Sainville. La baronne, sa parente, a recueilli une jeune fille abandonnée, inconnue, qu'elle fait passer pour sa nièce, et qui est aimée du fils de Sainville.

Angélique, est-il besoin de le dire? appartient à cette malheureuse famille injustement dépossédée ; son père est mort en pays étranger, sa mère a changé de nom et s'est introduite chez la baronne en qualité de gouvernante. Jusqu'à présent, malgré tous ses efforts, le président n'a pu retrouver ses victimes, et une fois le secret découvert, tout s'arrangera par un mariage. Mais le jeune Sainville n'a pas attendu ce moment pour demander à Angélique d'être sa femme; le mystère de sa naissance ne l'a pas effrayé, car il est déjà philosophe; écoutons-le plutôt quand il parle des devoirs d'un juge.

> Laissons la noblesse du sang ;
> Aux yeux de l'équité tous ont le même rang.
> Pesons les droits réels; la plus haute naissance
> Ne doit pas faire un grain de plus dans la balance.

Aussi est-ce sans la moindre hésitation qu'il se jette aux pieds de la gouvernante, et croyant s'adresser à une simple domestique, la supplie de lui accorder sa fille.

> Eh! madame, d'où vient cette opposition ?
> Je ne reconnais point de disproportion :
> La nature et l'amour ne l'ont jamais admise.

Sa résolution est donc bien réfléchie et motivée ; mais il n'a que le mérite de l'intention. La mère d'Angélique est une vraie comtesse, et la baronne assure aux jeunes époux sa succession. Pour voir sur le théâtre une mésalliance tout à fait approuvée, il nous faut pousser deux ans plus loin, jusqu'en

1749, et arriver à *Nanine*, la plus connue des comédies de Voltaire. C'était une imitation de *Paméla*, fameux roman de Richardson, que Boissy et La Chaussée avaient déjà essayé de reproduire sur notre scène ; mais tous deux avaient échoué. La tentative était dangereuse. Aussi le poète prit-il cette fois toutes ses précautions ; il eut soin, pour ménager son public, de terminer par une excuse.

> Que ce jour
> Soit des vertus la digne récompense,
> Mais sans tirer jamais à conséquence.

Néanmoins la leçon était bien hardie. Voltaire avait tout fait pour séparer autant que possible, par la condition et la fortune, les deux personnages que l'amour doit rapprocher en dépit de l'opinion. Point de surprise au dernier acte, point de secret dont la révélation vienne à propos réconcilier les amants avec le monde. Nanine reste ce qu'elle était, pauvre et de basse naissance, une simple fille de paysan, et c'est un grand seigneur, un comte, c'est son maître qu'elle épousera. Il est vrai qu'on n'a jamais vu de gentilhomme faisant si bon marché de ses prérogatives ; il répond à une parente qui veut le détourner de son projet :

> Je ne prends point, quoi qu'on en puisse croire,
> La vanité pour l'honneur et la gloire.
> L'éclat vous plaît : vous mettez la grandeur
> Dans les blasons : je la veux dans le cœur.
> L'homme de bien, modeste avec courage,
> Et la beauté spirituelle, sage,

> Sans bien, sans nom, sans tous ces titres vains,
> Sont à mes yeux les premiers des humains.

LA BARONNE.

> Il faut au moins être bon gentilhomme.
> Un vil savant, un obscur honnête homme,
> Serait chez vous, pour un peu de vertu,
> Comme un seigneur avec honneur reçu ?

LE COMTE.

> Le vertueux aurait la préférence...
> L'usage est fait pour le mépris du sage ;
> Je me conforme à ses ordres gênants
> Pour mes habits, non pour mes sentiments...
> J'ai ma raison, c'est ma mode et mon guide.

Le comte n'est pas seul à penser de la sorte ; la marquise, sa mère, partage toutes ses idées ; elle est bonne et douce pour les pauvres, et consent de grand cœur au mariage. Détail curieux et délicat. Nanine est celle qui admet le plus difficilement cette égalité, elle ne peut croire, comme l'enseignent ses livres, que tous les hommes sont frères, et quand elle sera devenue comtesse, nul n'en sera plus étonné qu'elle-même.

Au moment où il s'agira de marier son Émile, Rousseau ne s'occupera, lui aussi, ni de la richesse, ni de la naissance ; il laissera parler l'amour, la nature, sans demander à Sophie d'autre dot que ses qualités de cœur et d'esprit, et les vertus de sa famille. Car il n'y a pour les deux sexes que deux classes réellement distinctes, « l'une des gens qui pensent, l'autre des gens qui ne pensent point. » Telle est déjà l'idée de Voltaire ; mais un détail en passant nous rappellera la tendance opposée des deux auteurs : Nanine semble instruite, elle étudie même des ouvrages anglais, tandis que Sophie, « l'aimable ignorante, n'a jamais lu de livre que *Barême*, et *Télémaque* qui lui tomba par hasard dans les mains. » La nature a suffi pour la former.

Depuis la première représentation du *Jeu de l'Amour et du Hasard*, treize ans se sont écoulés ; à quelle distance sommes-nous du point de départ ! dans chaque pièce nouvelle, le principe d'égalité, à peine énoncé à l'origine, a été répété avec une énergie croissante ; de cette série de mariages que nous venons d'étudier, le plus récent a toujours été le plus hardi, et il semble qu'après *Nanine*, on ne puisse pousser plus loin. Cependant les écrivains dramatiques de la seconde moitié du siècle surent encore renchérir sur leurs prédécesseurs.

Ils ne se croyaient plus obligés aux mêmes précautions que Voltaire. Loin de dissimuler leur intention, de démontrer tant bien que mal la parfaite convenance de ces unions mal assorties aux yeux du monde, ils prétendaient même les donner en exemples.

C'est ainsi que fait Sedaine dans son opéra-comique de *Félix ou l'Enfant trouvé*. La donnée de cette pièce est des plus romanesque.

Au lendemain d'une inondation désastreuse, un pauvre paysan, le père Morin, a trouvé, parmi les débris qui couvraient le sol, une valise bien garnie d'or, et, à une certaine distance, un enfant endormi dans les bras d'une nourrice étrangère à demi-morte. Il a recueilli l'enfant et l'a nommé Félix, en l'honneur du saint dont c'était la fête : quant au trésor, aucune recherche n'a pu en révéler le possesseur. Il l'a donc gardé, mais comme un dépôt qu'il peut être appelé à restituer au premier jour ; les terres qu'il a achetées, il les cultive en fermier scrupuleux pour le compte d'un maître inconnu. Son honnêteté, son travail, et aussi l'aide du jeune Félix, devenu un excellent ouvrier, ont fait prospérer sa fortune. Sa fille Thérèse est recherchée par un gentilhomme campagnard, à demi-ruiné, il est vrai, et tout à fait rustre. Ses trois fils sont des messieurs, même un peu mieux ; ils ont transformé leur nom comme trop roturier. Le premier est capitaine, et s'appelle Morinville ; le second, procureur, est maintenant La Morinière ; le troisième est destiné à l'Église et se nomme déjà Saint-Morin. La métamorphose est piquante, et Sedaine ne se prive pas, en passant, du plaisir d'adresser quelques épigrammes à la profession dont chacun d'eux a pris le caractère et plus encore les défauts. Saint-Morin est le moins épargné ; lorsque tout le monde se précipite pour porter secours à un voyageur attaqué, il reste tranquille, son livre de prières à la main, sous prétexte de terminer une lecture que malheureusement il n'avait pu faire en route, et sa sœur le félicite de cette prudence excessive. « Que vous êtes heureux de ne pas prendre plus de part à ce qui se passe ! — C'est ce qui vous trompe, dit-il, personne n'a fait des vœux plus ardents que moi pour ceux qui ont été attaqués. » L'auteur débite aussi, à l'occasion, certaines maximes nettes et brèves, qui ont le mérite d'être bien amenées, et de ne jamais arrêter l'action dramatique : « Pour la considération, tant vaut l'homme, tant vaut l'état », répond La Morinière à son frère le militaire, qui lui conseille d'abandonner le métier de procureur une fois que leur sœur aura épousé un bon et honorable gentilhomme. Plus loin, M. de Versac demande, en présence du tabellion, quel nom, quelle qualité on donnera à son beau-père : « d'honnête homme, » réplique le père Morin, qui juge que cette noblesse en vaut bien une autre, commence à ne pas aimer son gendre, et regrette de n'avoir pas fait de ses fils trois paysans.

Le dénouement n'est pas moins instructif. L'étranger attaqué par des voleurs, celui pour lequel Saint-Morin a si bien prié, et que Félix a sauvé au prix de plusieurs blessures, est le marquis de Gourville, propriétaire de la valise perdue. Il a surpris le secret de Félix et de Thérèse ; il connaît et veut protéger leur amour. Lorsque le père Morin, en dépit des vilains conseils et des violences de ses fils, lui a rendu son bien, M. de Gourville le donne aux deux jeunes gens pour se marier. Mais à peine cette union est-elle arrêtée, qu'un autre secret se dévoile. Cet enfant trouvé, Félix, est le propre fils du gentilhomme. A la joie de la surprise se mêle le désespoir de Thérèse, qui croit voir son bonheur lui échapper.

Cependant elle épouse, comme si rien n'était changé, le fils d'Alexandre-Philippe de Resteinn, seigneur d'Harsein, de Leidseim et autres lieux, marquis de Gourville, et ministre du roi dans les Cours étrangères.

Rien ne faisait prévoir que le père de Félix fût assez généreux pour consentir au mariage, et son fils n'avait pas même osé l'en prier. Sedaine comptait sans doute sur la musique pour dissimuler l'invraisemblance d'un dénouement si brusque, si peu justifié. Peut-être est-ce le motif qui engagea, quelques années après, un autre auteur, Monvel, à reprendre ce sujet pour en développer les dernières scènes dans son opéra-comique d'*Alexis et Justine*. Même situation à peu près, mêmes caractères. Thierry, un brave paysan, a trouvé jadis un enfant à sa porte. Dans le berceau était un billet qui recommandait ce dépôt à ses soins, et de temps en temps il reçut d'une main inconnue quelques sommes d'argent pour ses services. Depuis plusieurs années, les parents d'Alexis n'ont rien envoyé. L'ont-ils oublié, sont-ils morts? Nul ne le sait. Cependant Alexis aime la fille de son père nourricier, et n'a pas de peine à l'emporter dans le cœur de Justine sur le meunier Thomas, le plus riche et le plus sot parti du village. Le mariage va se conclure ; déjà l'on a parlé au bailli, le tabellion est attendu, quand arrive comme un trouble-fête M. de Longpré, le père d'Alexis ; il se fait reconnaître, et annonce l'intention d'emmener son fils, que les circonstances ne l'obligent plus à cacher. Le jeune homme se résigne ; heureusement ce départ n'était qu'une feinte. Après avoir étudié à son aise le caractère de Justine, M. de Longpré consent à son bonheur. « Geneviève, Thierry, dit-il aux parents, braves gens, âmes honnêtes, si l'élévation, si la délicatesse des sentiments font la véritable noblesse, je n'en connais pas qui puisse l'emporter sur la vôtre. » Si l'on compare les deux pièces, celle de Sedaine a tout l'intérêt d'un petit drame, et celle de Monvel est une bluette, où la seule source de comique est la niaiserie villageoise de deux amoureux ingénus ; mais l'intention morale se montre la même. Elle se manifeste également dans l'opéra d'*Azémia*, où le fils d'un lord conclut un mariage du même genre. L'honnête Edoin croit sa fille indigne d'un tel honneur, et veut qu'elle cache sa passion. Milord l'interrompt : « Vous oubliez le climat où vous êtes, et les préjugés d'Europe vous poursuivent ! laissez parler la nature, elle nous instruit tous deux. (*Embrassant Azémia*). Oui, tu seras ma fille. » On pourrait objecter à lord Akinson, ou à l'auteur qui le fait parler, que le climat ne fait rien à l'affaire : peu importe qu'ils se trouvent dans une île déserte, puisqu'ils vont faire voile pour l'Angleterre, où les attendent tous les anciens préjugés ; mais ne soyons pas plus difficiles que le père qui se contente d'un si beau raisonnement.

Tout ceci n'est rien encore. L'union la plus disproportionnée qui se puisse voir est assurément celle d'un Européen et d'une femme sauvage, on ne craignit pas de pousser jusqu'à cette extrémité. Les sauvages étaient à la mode plus que jamais, grâce à l'abbé Raynal et à son *Histoire philosophique des deux Indes*, dont le succès fut extraordinaire. C'est déjà par une mésalliance que se termine *la Jeune Indienne* de Chamfort. Toutefois Belton était une sorte d'enfant prodigue, déchu à ses propres yeux, et toute autre que Betti n'eût pas trouvé ce parti séduisant : de plus, les services rendus, un amour déjà ancien, donnaient à la jeune fille des droits sur lui ; mais que dire d'un gentilhomme, d'un officier galant et sémillant, vrai héros d'opéra-comique, et dont on eût fait à une autre époque un don Juan, qui offre à première vue sa main à une fille sauvage ? c'est le *Français en Huronie*, de Dumaniant. Il est en chasse avec son valet Frontin (un Frontin dans les forêts vierges!) et s'est égaré. Sauvé par la belle Zamire, il retrouve son régiment ; lorsqu'il est question de partir pour la France, il emmène la jeune Huronne et l'épouse sans aucune difficulté. Pas un des amis de Valcour ne songe à s'en étonner ; cette union bizarre est décidée en un moment.

Après les Peaux-Rouges, que pouvait-on souhaiter de plus, si ce n'est des négresses ? on en vit donc au théâtre. C'était en 1787, la philosophie jouissait déjà de son triomphe ; le public fut pourtant surpris ; avait-il tout à fait tort ? Le sujet de la pièce, emprunté au livre de Raynal, est celui-ci : Dorval, un Français noble et riche, comme toujours, a fait naufrage sur les côtes d'une île habitée par une peuplade féroce : sa vie est menacée ; mais, plus humaine que ses compatriotes, Zilia le soigne et le dérobe aux poursuites. Le père arrive sur un autre vaisseau ; en même temps que Dorval, il emmène Zilia la négresse, accepte très-aisément l'idée d'un mariage, et trouve pour cela d'excellentes raisons. « J'ai vu tous les pays, parcouru tous les climats, connu tous les peuples, partout les hommes sont les mêmes ; partout on en voit de bons et de méchants. » Vérité incontestable, et peu compromettante.

Les écrivains, pour convertir le public à leurs doctrines, faisaient alors comme cet extravagant qui, après avoir récité son placet devant le Régent, le chanta, le dansa, et finit par obtenir gain de cause. La philosophie prenait toutes les formes, et se glissait jusque dans le vaudeville final.

> Quelle est pourtant notre erreur
> Injustes que nous sommes !
> S'ils sont d'une autre couleur
> Nous méprisons les hommes.

Avouons que si la cause était bonne, on la plaidait en vers détestables. A la première représentation, le parterre étonné faisait mine de prendre la défense du préjugé. Il fallut parlementer. L'acteur chargé du rôle de Dorval s'avança vers la rampe, et s'adressa aux spectateurs pour leur dire que s'ils trouvaient Zilia intéressante, ils approuveraient le mariage. Le public débonnaire se contenta de cette explication, et la négresse fut applaudie.

Remarquons que nulle part le jeune homme n'est seul à décider de son sort. Ne pourrait-on pas reprocher à l'amour d'être capricieux et aveugle ? Toujours, par précaution, un père ou un ami sensé est là pour approuver la mésalliance.

CHAPITRE IV

ATTAQUES DIRIGÉES CONTRE LA NOBLESSE DE COUR.
— GRESSET. — BEAUMARCHAIS.

Si disproportionnés que paraissent ces mariages, leur exemple n'était pas suffisant pour enseigner l'égalité. C'est de la femme seule qu'il a été question jusqu'ici, et comment parler d'elle avec impartialité ? « Une belle est toujours au-dessus de son sort. » Autrement dit, elle n'est pour celui qui l'aime ni pauvre, ni de basse naissance : le sentiment qu'elle inspire l'anoblit. Mais l'homme d'une condition inférieure sera-t-il également considéré ?

Un seigneur pouvait fort bien épouser une paysanne et dédaigner les paysans. Il a été dit souvent que tous les hommes sont frères, que tout être humain est sacré, mais on sait quel abîme sépare la théorie de la pratique. Pour être en mesure d'apprécier le changement accompli dans les idées et dans les mœurs, il nous faut étudier de plus près quelques uns des personnages de la comédie. Nous verrons ainsi la philosophie relever peu à peu dans l'estime publique les professions dédaignées autrefois, et attaquer directement la noblesse, ou l'avertir de ce qu'elle doit faire et sacrifier pour qu'on lui pardonne ses priviléges.

Molière avait dit de lui-même : je prends mon bien partout où je le trouve. Son bien, ce n'étaient pas seulement les idées comiques des auteurs anciens ou contemporains, mais aussi les traits de caractère, les actions, les mots, les gestes, tout ce qui révélait à son observation pénétrante le secret de la nature humaine. Nul ne put se vanter d'échapper à cette recherche impitoyable ; son théâtre fut comme un tribunal où la cour, la ville, la province, toutes les professions, toutes les conditions, étaient citées sans appel. Jamais on ne vit juge plus impartial en même temps que plus sagace et plus sévère ; cependant, toutes les classes de la société ne furent pas égales devant lui, pas plus qu'elles ne l'étaient alors devant la loi.

Certes, il n'épargna pas les nobles, puisque la comédie vit de ridicules ; il s'amusa des courtisans et se vengea des marquis ; mais que leur reprochait-il ? la fatuité, la futilité, l'ignorance présomptueuse, travers que les comiques ont toujours signalés chez les petits maîtres et les gens à la mode. Il ne s'attaquait point à la caste ; ses Ariste, ses Clitandre, ses Cléante, tous ceux qu'il donna comme le modèle de l'honnête homme et du sage, étaient en même temps de parfaits gentilshommes ; la noblesse, d'ailleurs, pouvait se consoler de certaines critiques à l'idée que les bourgeois faisaient encore plus sotte figure sur la scène.

Ici, point d'exception, point de rémission ; il n'en épargne pas, et chacun a son tour. Les marchands s'appellent M. Josse, M. Guillaume ou M. Dimanche; les gens de lettres sont des pédants, des cuistres crasseux ; les médecins? faut-il parler des médecins de Molière ? Et M. Jourdain, ce pauvre homme dont il rit de si bon cœur, quel est son crime après tout? d'admirer naïvement les personnes de qualité, les gens de cour, de prétendre, lui, ancien marchand de drap, à l'élégance et aux belles manières, d'empiéter sur un privilége des gentilshommes; il en est puni par le ridicule.

Mais, dira-t-on, M. Jourdain n'est pas à lui seul toute la bourgeoisie ; sa femme, par exemple, est mieux traitée. Oui, nous aimons son air sec et rogue, nous applaudissons aux brusques réponses dont elle paie les politesses moqueuses et le persiflage de Dorante. Le bon sens est incarné en elle ; mais c'est le bon sens populaire, esprit étroit, terre à terre, comme celui du bonhomme Chrysale. Son horizon ne s'étend pas au delà des limites du quartier ; ses voisines, ses commères sont tout ce qu'elle veut connaître ; c'est leur opinion qu'elle ménage, leur estime qu'elle veut avant tout conserver. Elle dit sans cesse à son mari et à ses pareils : « Résignez-vous, renfermez-vous dans votre étroite et chétive existence ; demeurez dans votre bassesse : les rôles brillants ne sont pas faits pour vous ! »

Nul ne songeait encore à rapprocher, à confondre les rangs. Rien ne prouve mieux que le rôle de Dorante quel était le prestige de la naissance. Ce personnage est pour nous un simple aventurier qui a trouvé une dupe ; mais ne le jugeons pas au peu de sympathie et d'estime que lui accorderait le public de nos jours. Il a perdu dans l'esprit des spectateurs en même temps que M. Jourdain gagnait.

Jadis, Dorante avait pour lui la distinction, l'aisance, l'esprit, et l'on excusait ses peccadilles : rire aux dépens d'un bourgeois, c'était pure gentillesse ; berner et plumer un manant, c'était tour de bonne guerre.

Quarante ans plus tard, la situation ne s'est pas modifiée. Ouvrons *Turcaret*, et considérons le millionnaire en présence du marquis. L'un et l'autre se valent à peu près pour nous ; d'une part, un agioteur, un usurier, et, pour tout dire, un traitant ; de l'autre, un drôle, ivrogne, débauché sans honneur ni conscience. Mais celui-ci est titré : c'en est assez pour que le parvenu accepte humblement toutes les insolences, et réponde aux affronts par le respect. Bien lui en prend : s'il voulait tenir tête, il serait peut-être rossé comme au temps où il portait la livrée.

Pour voir l'équilibre établi et la roture vraiment réhabilitée au théâtre comme dans la société, il faut attendre encore bien des années ; mais plusieurs ouvrages annoncèrent et amenèrent peu à peu cette transformation. Citons d'abord une comédie de d'Allainval, l'*Ecole des Bourgeois*, qui date de 1728. Qu'apprennent les bourgeois à cette école ? Toujours la même règle de conduite. Ne pas se mésallier, eux non plus, car ils ne peuvent que perdre en approchant des nobles. A première vue et d'après ce seul énoncé, on serait tenté de croire que rien n'est changé depuis Molière ; mais observons de plus près les personnages. Mme Abraham, riche et entichée de noblesse, veut pour gendre un gentilhomme gracieux, léger, sémillant et insolent, débauché et ruiné, qui vaut encore moins que Dorante : celui-ci, en somme, ne faisait qu'emprunter à longue échéance quelques centaines de louis ; le marquis de Moncade a plus de torts et s'avilit davantage. Il va vendre son nom, et conclut le marché avec une singulière insouciance, comme s'il se moquait de lui-même et des autres. Il persifle sa belle-mère, et promet à sa femme de ne pas l'aimer, mais de lui permettre des amants. Tel est l'homme que doit épouser la malheureuse Benjamine, séduite par ses airs évaporés, quand un billet qui s'est trompé d'adresse lui fait connaître la valeur réelle du marquis. Même démasqué et congédié, le gentilhomme ne perd pas son assurance ; c'est encore lui qui raille et semble triompher ; soit timidité, soit manque d'esprit, Mme Abraham et son frère M. Mathieu restent confus en sa présence. Le rôle sympathique dans cette pièce appartient à Damis, jeune magistrat studieux, honorable, amant sincère, qui, sans avoir le brillant d'un homme de cour, ne manque ni d'agrément ni d'élégance ; quoique un peu effacé, il semble choisi pour personnifier le Tiers-Etat qui s'élève chaque jour par le sérieux et le travail, en face d'une caste qui se perd par l'insouciance et l'immoralité.

Aux yeux des gens du bel air, une vie régulière et vertueuse, du sentiment, de la gravité, tout cela était petit et bourgeois. Pendant un temps, le mariage fut regardé comme ridicule, et l'amour entre époux comme bon tout au plus pour le peuple ; c'est ce que déclare le marquis de Moncade à sa future.

Un mari qu'on aime ! Mais cela est fort bien ; continuez, courage ! Un mari qu'on aime ! Gardez-vous bien de parler ainsi ; cela vous décrierait, on se moquerait de vous. Voilà, dirait-on, le marquis de Moncade, où donc est sa petite femme ? Elle ne le perd pas de vue, elle ne parle que de lui, elle en est folle. Quelle petitesse ! Quel travers !

BENJAMINE.

Est-ce qu'il y a du mal à aimer son mari ?

LE MARQUIS.

Du moins il y a du ridicule. A la cour, un homme se marie pour avoir des héritiers, une femme pour avoir un nom, et c'est tout ce qu'elle a de commun avec son mari.

BENJAMINE.

Se prendre sans s'aimer ! Le moyen de pouvoir bien vivre ensemble ?

LE MARQUIS.

On y vit le mieux du monde, en bons amis. On ne s'y pique ni de cette tendresse bourgeoise, ni de cette jalousie qui dégraderait un homme comme il faut. Un mari, par exemple, rencontre-t-il l'amant de sa femme : « Eh ! bonjour, mon cher chevalier, où diable te fourres-tu donc? Je viens de chez toi : il y a un siècle que je te cherche. Mais à propos, comment se porte ma femme ? Êtes-vous toujours bien ensemble? Elle est aimable au moins ; et d'honneur, si je n'étais son mari, je sens que je l'aimerais. D'où vient donc que tu n'es pas avec elle ? Ah ! je vois, je vois. Je gage que vous êtes brouillés ensemble. Allons, allons, je vais lui envoyer demander à souper pour ce soir ; tu y viendras, et je veux te raccommoder avec elle.

La scène est piquante, mais le reproche est grave, et l'on doit voir dans les paroles de Moncade autre chose qu'une boutade ou une impertinence calculée. Rappelons-nous Ariste [1], le philosophe de Destouches ; c'est par crainte de l'opinion qu'il n'ose déclarer son mariage. Cette idée était si répandue, que La Chaussée se crut obligé d'écrire pour la réfuter une comédie entière, le *Préjugé à la Mode*.

Un jeune seigneur, Durval, adore sa femme, mais si l'on pénétrait ses sentiments, quelle clameur contre lui ! La rupture est donc complète, et les deux époux sont malheureux. Puis le mari essaie un rapprochement ; mais toutes ses tentatives doivent être mystérieuses, comme celles de l'amant le plus timide. Il adresse à Constance les plus riches présents, et ne se découvre pas même à elle : vingt fois l'aveu expire sur ses lèvres, jusqu'au moment où il a enfin le courage de déclarer devant une société moqueuse son affection sincère. Qu'il y ait là

[1] *Le Philosophe marié*, comédie de Destouches.

exagération, la chose est possible, les caractères semblent forcés, et si tyrannique, si générale que soit une mode, on a peine à croire qu'une passion aussi légitime hésite longtemps à la braver. Mais l'existence du préjugé lui-même ne peut être contestée. Laharpe ne dit-il pas dans sa correspondance ? « La Chaussée a véritablement réformé dans nos mœurs un travers odieux et révoltant, et qui dès lors diminua de jour en jour. »

C'est beaucoup peut-être que d'attribuer à La Chaussée l'honneur d'une pareille réforme : pendant de longues années encore, la comédie devait parler de ces ménages à la mode, où l'indifférence était de règle entre époux, chacun conservant une entière liberté. L'étourderie présomptueuse, la frivolité, le mépris réel ou affecté de tout sentiment, même des affections de famille, restèrent la marque distinctive des personnes de qualité. Jamais l'esprit ne fut plus vif ni plus brillant ; mais il avait pris la place du cœur, et le siècle alla se desséchant de plus en plus, jusqu'au moment où la voix éloquente de Rousseau remit en honneur les sentiments de nature.

Un type, à cette époque, reparaît sans cesse au théâtre : celui du petit-maître, de l'homme à bonnes fortunes, qui se pique d'inconstance, et ne demande aux femmes que la satisfaction d'une vanité passagère. Ce n'est pas l'affection, qui le pousse à contracter ces liaisons mondaines ; le scandale est pour lui un besoin, et la trahison une gloire.

.....¹ Aucune beauté ne saurait le tenter
Qu'autant qu'elle est de mode, et qu'il voit autour d'elle
La cour la plus brillante ; il aime à supplanter.
Plus le concours est grand, plus il la trouve belle.
Aussi, pour parvenir jusqu'au suprême honneur
De l'avoir sur son compte, il n'est rien qu'il n'emploie.
En un mot, ce qui fait sa gloire et son bonheur
C'est l'opprobre éclatant dont il couvre sa proie,
Et la rage qu'il porte au sein de ses rivaux.
Voilà le seul exploit digne de ses travaux.

A cet amour d'un grand seigneur parfois s'oppose, comme dans la comédie de d'*Allainval*, comme dans l'*Ecole des Mères*, la passion sincère, discrète et désintéressée d'un amant bourgeois. On entend même un personnage, indigné de cette corruption des mœurs, s'écrier qu'il a cherché la bonne compagnie et ne l'a pas trouvée; que la bonne compagnie est en réalité la mauvaise.

Le *Méchant*, de Gresset, une des plus belles comédies et des plus morales du siècle, viendra compléter pour nous et couronner ce caractère de l'homme du monde. La frivolité menait à l'égoïsme, et l'égoïsme à la méchanceté. On devint perfide et cruel avec grâce ; la fausseté élégante fut un mérite ; le sentiment, un ridicule. Cléon n'était pas une création imaginaire du poète, mais un portrait réel et vivant, dessiné d'après nature. On crut y reconnaître plusieurs courtisans célèbres, ceux qui donnaient le ton aux autres : « le comte de Maurepas pour les tirades et les jugements précipités, le duc d'Ayen pour la médisance, enfin le comte d'Argenson

¹ La Chaussée. *L'École des Mères*, Acte I, Scène 3.

pour le fond de l'âme, les plaisirs et les allures. »
Ainsi parle un juge compétent, le propre frère du comte d'Argenson.

Cléon n'est pas méchant de nature ; il serait trop odieux et moins vrai ; mais par genre, par désœuvrement, et pour s'amuser.

> Tout languit, tout est mort sans la tracasserie :
> C'est le ressort du monde, et l'âme de la vie.
> Bien fou qui là-dessus contraindrait ses désirs ;
> Les sots sont ici-bas pour nos menus plaisirs.

Amitié, mariage, amour, tout est pour lui matière à plaisanter.

Valère s'est attaché à lui, s'est donné avec confiance ; voici comme il en parle :

> C'est un de ces enfants dont la folle recrue
> Dans les sociétés vient tomber tous les ans,
> Et lasse tout le monde, excepté leurs parents.
> Croirais-tu que sur moi tout son espoir se fonde ?
> Le hasard me l'a fait rencontrer dans le monde ;
> Ce petit étourdi s'est pris de goût pour moi,
> Et me croit son ami, je ne sais pas pourquoi.

Le reste sur ce ton ; il n'a jamais aimé personne.

> M'as-tu donc jamais vu dupe d'une beauté ?
> Je sais trop les défauts, les retours qu'on nous cache ;
> Toute femme m'amuse, aucune ne m'attache.
> Si par hasard aussi je me vois marié,
> Je ne m'ennuîrai point pour ma chère moitié.
> Aimera qui pourra.

Sans se borner aux paroles, il sème autour de lui l'aigreur et la division, brouille le frère et la sœur, ou sépare des amants. Ainsi Valère arrive pour épouser Chloé qui lui est destinée dès l'enfance, mais Cléon lui fait honte d'une affection si vulgaire, le dégoûte de cette petite fille, et lui apprend à se faire détester. Bien dressé par un tel maître, Valère joue à ravir l'écervelé, l'important, irrite le bon Géronte par son babillage et son sans-gêne, Chloé par son indifférence insultante, et tout serait perdu, si le méchant, enfin percé à jour, n'était chassé de cette maison comme de tant d'autres, ou, pour parler avec son laquais Frontin :

> Point chassé, mais prié de ne plus revenir.

Peu lui importe après tout, car il fait profession de mépriser la haine aussi bien que l'amitié.

> Cela m'est bien égal; on me craint, on m'estime;
> C'est tout ce que je veux, et je tiens pour maxime
> Que la plate amitié, dont on fait tant de cas,
> Ne vaut pas les plaisirs des gens qu'on n'aime pas.
> Être cité, mêlé dans toutes les querelles,
> Les plaintes, les rapports, les histoires nouvelles,
> Être craint à la fois et désiré partout,
> Voilà ma destinée et mon unique goût.
> Quant aux amis, crois-moi ; ce vain nom qu'on se donne,
> Se prend chez tout le monde, et n'est vrai chez personne ;
> J'en ai mille, et pas un.

Cléon efface tous les petits-maîtres, résume en lui leurs défauts, et met à nu la perversité profonde qui se cachait sous les brillantes apparences mondaines. Gresset vint à temps pour signaler les dangers de l'esprit, auquel on sacrifiait tout alors, et prépara la revanche du sentiment.

Le succès de cette comédie fut si grand, l'idée parut si vraie, si profonde, et la critique si méritée, que le *Méchant* fit école. Cléon donna naissance à une lignée nombreuse, qui pendant des années occupa la scène après lui. Son premier-né vit le jour dès 1750 ; c'est l'*Impertinent* de Desmahis, homme très à la mode, mais peu estimable, et qui fait profession, comme toujours, de trouver le sentiment triste et ennuyeux. Brouiller deux amies est un plaisir pour lui. Rompre insolemment avec une femme qu'il a fait semblant d'aimer lui paraît de la dernière élégance. Pour dominer l'opinion, il affecte de la braver avec cynisme. Et n'est-il pas singulier de voir les gens de son espèce, esclaves dociles du sentiment d'autrui pour tout ce qui est futile et s'appelle mode, le mépriser quand il s'agit de morale ? Ce monde qu'il aime tant, auquel il sacrifie tout, et qu'il croit éblouir par ses extravagances, Damis ne l'estime même pas ; il le considère comme un tourbillon de folles, d'esprits mal assortis, d'insectes importants dont il rit sans cesse. Partout l'imitation se montre ; ainsi le fat énumère ses occupations si graves, ce qu'il appelle ses devoirs, avec une volubilité étourdie, dans une tirade qui rappelle celle de Valère.

> J'eus dimanche un billet pour souper chez Monthier
> Avec le petit duc et la grosse comtesse :
> Lundi, jour malheureux ! un maudit créancier,

> Automate indocile, homme sans politesse,
> Sous prétexte qu'il doit lui-même, et qu'on le presse,
> Me voulut sans délai contraindre à le payer.
> J'allai le jour suivant flatter un financier.
> Mercredi, je courus à la pièce nouvelle ;
> Tout le monde était pour, et moi je fus contre elle ;
> La satire embellit les plus simples propos,
> Et l'admiration est le style des sots.
> Jeudi, j'eus de l'humeur, et me boudai moi-même...
> Le lendemain, j'étais d'une folie extrême, etc.

Pour compléter la ressemblance avec le *Méchant*, Damis, comme son modèle, essaie en vain de propager autour de lui ses belles maximes ; comme lui, il est « prié de ne plus revenir. » Il voulait rompre, on le prévient ; c'est lui qui reçoit son congé, et quoiqu'il fasse encore bonne contenance, on voit que son orgueil est mortifié. La plupart des comédies de cette nature se terminent ainsi par l'humiliation du principal personnage.

Damis devient un peu plus tard (1756) le Marquis *de la Coquette corrigée*[1]. Même horreur du sentiment, même mépris de la morale ; mais ce dernier se distingue en ce qu'il cherche des prosélytes surtout parmi les femmes. Il s'est donné pour mission de les corrompre.

> Mon destin, mon emploi,
> C'est d'éteindre en tous lieux ce travers qui me blesse,
> Ce sentiment pervers qu'on appelle tendresse...
> Ces mots tant répétés de décence, de mœurs,
> En moins de deux leçons s'effacent de leurs cœurs.
> Je les livre à la soif de briller et de plaire...

---

[1] Comédie de La Noue.

> Toujours dans les plaisirs, on se fait une loi
> De braver le public, et de vivre pour soi.

Encore un marquis du même genre dans une comédie de Saurin, les *Mœurs du temps*. Celui-ci s'est attaché à une famille bourgeoise pour lui enseigner les belles manières ; il n'a déjà que trop bien réussi. Ses airs dégagés, sa médisance, son impertinence, sa sécheresse, ont séduit le financier Géronte ainsi que sa sœur. Géronte, un peu plus sensé, trop âgé d'ailleurs pour se refaire, résiste encore ; mais sa sœur la comtesse veut être une femme à la mode. Quelqu'un essaie-t-il de lui adresser des remontrances, lui parle-t-on de mener une vie moins folle, et de dormir un peu moins le jour, un peu plus la nuit, quand ce ne serait que pour le plaisir de voir un beau soleil : « Fi donc, répond-elle ; c'est un plaisir ignoble ; le soleil n'est fait que pour le peuple. »

Le *Cercle*, de Poinsinet de Sivry, fut encore une peinture des travers du grand monde. Le portrait ne parut pas flatteur, mais il était fidèle, si l'on en croit ce mot d'un seigneur, disant que l'auteur avait dû écouter longtemps aux portes des salons. Entrons un moment dans celui-ci : qu'y verrons-nous ? Araminte, veuve d'un financier, femme coquette et bizarre, a passé en peu de mois de la musique et des petits chiens aux magots et aux mathématiques. Elle ira tout à l'heure entendre une représentation de *Mérope*, à condition, bien entendu, de n'y pas pleurer, car il faut ménager ses yeux et son teint. Elle ne quitte pas les cartes en apprenant la mort d'un ami qui laisse toute une famille dans la misère, mais elle s'élance comme une folle à la nouvelle que son serin favori vient de s'échapper. Sa fille, qu'elle rudoie sans cesse, lui paraît bien niaise; c'est que Lucile, pour son bonheur, a été élevée en province, et « ne connaît que les douces impressions de la nature et du cœur. » De tous les originaux qui fréquentent la maison d'Araminte, deux surtout sont à remarquer, l'abbé mondain, musicien consommé, qui chante avec les dames des airs d'opéra, et le marquis, jeune colonel, qui fait de la tapisserie pour Araminte, brode les fleurs de Cydalise, ou travaille au falbala d'Ismène. Et l'on est en 1764 ! la guerre de Sept Ans vient à peine de finir. Les hontes et les désastres, Rosbach, Crefeld sont déjà oubliés. Le colonel va en soirée avec son sac à ouvrage et ses aiguilles d'or !

Sans doute Gresset, Poinsinet de Sivry, et beaucoup de ceux que nous venons de citer n'étaient pas vraiment philosophes; ils ne croyaient pas faire la guerre à une caste. Mais tant de satires devaient à la fin porter coup. Lorsqu'ils reprochaient au grand monde, c'est-à-dire à la noblesse qui seule y régnait alors, sa frivolité, sa sécheresse, sa corruption cynique, ils ruinaient insensiblement son prestige. Tous travaillaient contre elle, même ceux qui pensaient ne se livrer qu'à une plaisanterie innocente et sans portée.

D'autres ne dissimulaient pas leur intention hostile, comme Chamfort qui, dans quelques scènes piquantes du *Marchand de Smyrne*, démontrait l'inutilité d'un gentilhomme, ou comme Voltaire écrivant le *Droit du seigneur*. L'abus signalé ici avait depuis longtemps disparu, et les acteurs jouaient cette pièce en costumes du temps de Henri II; mais certains mots s'appliquaient aussi bien à l'heure actuelle; c'étaient les plaintes véhémentes de Mathurin indigné :

> Pourquoi cela; sommes-nous pas pétris
> D'un seul limon, de lait comme eux nourris ?...
> Sommes-nous pas cent contre un ?...

Le dernier trait surtout présageait l'avenir; une fois ce calcul accompli dans toutes les têtes, la Révolution commença.

Mais il était réservé à Beaumarchais de tout dire, de tout braver, avec une folle audace et un succès qu'il avouait encore plus fou. Le ressentiment profond du citoyen victime de l'arbitraire, l'instinct d'opposition du plébéien amoureux d'égalité, la gaîté insouciante d'un aventurier à moitié philosophe et riche d'expérience, enfin la fierté de l'homme d'esprit qui se venge des sots par ses bons mots, tout cela prit un corps, un nom, se confondit et se résuma en Figaro, personnage tellement unique et inimitable, que l'auteur lui-même, quelques années plus tard, fut impuissant à le reproduire, quand il écrivit la *Mère coupable*.

Il peut sembler étrange que ce fils d'horloger, devenu noble et admis à la cour, ait dit tant de mal de la cour et de la noblesse. Mais, comme Voltaire, un mot l'avait fait tomber en disgrâce, et son titre récent de gentilhomme n'avait pu le protéger contre de puissants ennemis. Il était en droit de se venger.

Son drame d'*Eugénie* fut antérieur à ces mésaventures, la satire ne s'annonçait pas encore. Clarendon, courtisan et séducteur, n'était pourtant ni sacrifié, ni méprisable ; on le voyait faible, inconsidéré, mais non corrompu ; tout le monde finissait par lui pardonner, la famille offensée, l'auteur, et le public aussi. Quelques mots lancés à un moment contre les grands seigneurs avaient peu d'intérêt, on les avait déjà entendus vingt fois ailleurs, en prose ou en vers.

Avec le *Barbier*, tout change ; si la critique ne tient pas encore la première place, elle a déjà son importance et son originalité. Que n'ont pas dit sur cet ouvrage les nombreux ennemis de Beaumarchais ? A les en croire, la pièce n'avait rien de neuf. C'était toujours le vieux fonds bien vite épuisé des comédies d'intrigue : un tuteur jaloux et dupé, un amoureux entreprenant et préféré, une jeune prisonnière prête à se donner au premier qui lui offre la liberté, un agent d'intrigue plus adroit que scrupuleux. Cette liste de personnages se retrouve en effet partout ; cependant chaque figure est ici rajeunie au point de paraître nouvelle. Les anciens tuteurs, benêts ridicules, pour lesquels tout conte est bon, semblaient appeler d'eux-mêmes la tromperie ; Bartholo est soupçonneux autant que « rusé, rasé et blasé, » mais vigilant et sagace. S'il est joué à la fin, c'est qu'on ne s'avise jamais de tout, et que les plus malins se perdent quelquefois par excès de finesse ; mais il faut à ses adversaires bien de l'adresse et du bonheur. Le caractère de la pupille est un charmant mélange de grâce mutine et de sensibilité. L'amant de Rosine n'est plus un de ces adolescents ingénus, un de ces mineurs trop vite émancipés qui attendent les ordres de leur confident, et ne sauraient faire un pas sans lui. Enfin, l'ancien valet est plus heureusement remplacé encore. Au lieu du pauvre hère qui ne songe qu'à sa bouteille ou à sa Lisette, voici presque un garçon de génie, un grand homme manqué, auteur incompris, poète sifflé, fonctionnaire disgrâcié, barbier de rencontre, intrigant de profession, porté aux aventures par son humeur autant que par la fortune, sérieux et profond sous sa verve bouffonne, toujours spirituel, et, quoi qu'il arrive, sûr de lui-même. Il n'est pour le moment que domestique, ou peu s'en faut ; ainsi l'a voulu son étoile : mais il y a en lui plus d'étoffe. C'est mieux qu'un Frontin, qu'un Crispin ; c'est un Panurge ou un Gil-Blas.

Nous sommes transportés dans le pays classique des jaloux, des sérénades, des enlèvements. Il semble que les acteurs de l'imbroglio s'y meuvent plus à l'aise, et que l'auteur lui-même se sent plus libre. Non qu'il abuse de la couleur locale ; les personnages sont tout juste assez Espagnols pour donner à l'action plus de relief et moins d'invraisemblance, mais sans cesser pour cela d'être Français. Ainsi Bartholo, quand il exhale sa mauvaise humeur contre toutes les sottises du siècle, « la liberté de penser, l'attraction, l'électricité, le tolérantisme, l'inoculation, le quinquina et les drames, » oublie Séville et nous ramène à Paris. Nous savons dès lors à qui s'adressent les méchancetés de Figaro. Ce valet fait assez bonne figure à côté de son maître. Familier sans inconvenance et complaisant sans servilité, il a toujours son franc-parler. « Un grand nous fait assez de bien quand il ne nous fait pas de mal. » Ou bien encore : « Aux vertus qu'on exige dans un domestique, Votre Excellence connaît-elle beaucoup de maîtres qui fussent dignes d'être valets? » Ainsi qu'il l'observe lui-même, l'utilité a rapproché les distances. Mais cet accord est bientôt rompu, les alliés vont devenir ennemis.

Lorsqu'il écrivit le *Mariage de Figaro*, Beaumarchais avait bien des rancunes à satisfaire, et l'occasion lui parut bonne pour payer toutes ses dettes à la fois. Que risquait-il avec une imprudence de plus? Bridoison, Doublemain, le vengèrent de la justice : l'enragé plaideur, l'adversaire heureux des Goesman, devait bien ce souvenir au Parlement Maupeou. Puis, laissant là son barbier, il prenait la parole pour son propre compte, et exposait au public ses doléances, comme Aristophane dans une parabase de l'ancienne comédie. Son monologue est une œuvre à part ; vingt comédies philosophiques en disent moins que ces quatre pages, tant les idées abondent, condensées, frappées, avec un singulier bonheur d'expression qui les a rendues proverbiales. Mais c'est à la noblesse que Beaumarchais s'attaque de préférence, c'est l'homme de cour qu'il raille et flétrit sans pitié en la personne d'Almaviva. Qu'est devenu l'amoureux Lindor, chantant sous le balcon de Rosine sa gracieuse romance? Le comte n'a plus rien qui nous séduise; il est presque toujours le personnage sacrifié. A peine un ou deux détails de son rôle peuvent-ils pour un moment le relever à nos yeux. C'est ainsi qu'il fait preuve d'esprit en punissant maître Bazile sans méchanceté. Plus loin, après la fameuse tirade du barbier sur la politique : « Feindre d'ignorer ce qu'on sait, de savoir tout ce qu'on ignore... » lorsque le comte répond : « Oh ! c'est l'intrigue que tu définis », par ce simple mot plein de justesse, il sait reprendre son rang, et donner de lui-même une idée plus haute : ailleurs il ne mérite ni sympathie ni estime. Il réunit en lui tous les défauts et les vices de sa caste, sans les racheter par une seule qualité.

On reproche aux grands de recevoir tous les services comme s'ils leur étaient dus. Ainsi fait Almaviva. Loin de conserver pour Figaro aucune reconnaissance, il s'efforce d'enlever Suzanne à celui dont les soins lui ont donné Rosine ; l'ingratitude est peut-être le trait le plus choquant de son caractère.

Il se montre souvent prêt à abuser de sa puissance contre les faibles. « Un bon arrêt bien juste » se dit-il à lui-même avant de siéger au tribunal. Et la sentence a beau être équitable, le malheur veut qu'elle serve trop bien les vues secrètes du juge. Il est brutal, emporté, violent, il est jaloux comme un Bartholo, et jaloux sans amour, par pure vanité. Mais la corruption de ses mœurs l'avilit plus encore à nos yeux. Regrettant certain droit auquel il a renoncé un jour, dans un beau mouvement d'enthousiasme et de fidélité conjugale, il s'applique depuis à le racheter en détail. Jusqu'alors la comédie, quand elle parlait des petits-maîtres, s'était contentée de flétrir en quelques mots leur morale dépravée, elle avait glissé discrètement sur cette question scabreuse. Ici, on voit le libertin et le séducteur à l'œuvre, le grand seigneur chassant sur ses terres.

Ingrat, tyrannique, brutal, débauché, tel est le caractère de ce personnage que Beaumarchais présente comme le type de l'aristocratie. Mais le plus grand tort d'Almaviva, le plus impardonnable au théâtre, est d'être malheureux et ridicule. La comédie entière n'est que le long récit de ses mésaventures : il joue de malheur, et a raison de se croire ensorcelé, tantôt par ce maudit page, tantôt par ce damné barbier. Il se sent joué comme un enfant. Quelle expiation cruelle il subit au dernier acte ! C'est d'abord la réflexion d'Antonio : « Il y a, parguenne, une bonne providence, vous en avez tant fait dans le pays ! » C'est ensuite ce mot cruel du vainqueur « une petite journée comme celle-ci forme bien un ambassadeur »; et surtout, lorsque la comtesse a généreusement pardonné, ne voilà-t-il pas Suzanne, puis Marceline, puis Figaro qui font écho, en accordant à leur tour un pardon qui ne leur était pas demandé? Cette *folle journée* rappelle les Saturnales antiques, où toutes les conditions étaient confondues.

Et quel est son chétif adversaire? un enfant perdu, dont toute l'ambition se borne présentement au titre de concierge du château. Plus la lutte semble inégale, plus la défaite sera humiliante. En dépit de cette disproportion, l'on voit une fois de plus le moucheron triompher du lion, le valet du maître, et le peuple, personnifié par le plus gai de ses enfants, prendre sa revanche de ceux qui l'ont si longtemps méprisé.

Nul ne se trompait dès lors sur l'intention et la portée de ce pamphlet. Qui peut blâmer Louis XVI, déclarant que jamais *Figaro* ne serait représenté ? Mais, connaissant le caractère du prince, Beaumarchais répondit avec une superbe assurance : » Et je jure, moi, qu'il sera joué. » L'événement lui donna raison.

Ceux qui n'avaient pu empêcher la représentation comptaient du moins sur les sifflets pour punir l'auteur de sa témérité. « Sire, disait M. de Montesquiou, partant pour Paris où allait se livrer la bataille décisive, j'espère que la pièce tombera. » — « Et moi aussi, » ajoutait le roi. Le succès fut inouï.

Les courtisans se voyaient donc bafoués, bernés, et l'eussent été plus encore, s'ils avaient essayé de se défendre. Il fallait subir et dévorer l'outrage. D'autres, insouciants ou aveugles, ne voyaient là qu'un plaisir, un scandale de plus. On aurait pu leur appliquer le mot prononcé par une actrice célèbre dans une circonstance presque analogue : « Je ne croyais pas qu'il fût si amusant de se voir pendre en effigie. »

CHAPITRE V

LE TRAVAIL RÉHABILITÉ. — MARCHAND. — FINANCIER.

Un des plus grands services rendus à l'humanité par la philosophie, ce fut de louer, de sanctifier le travail. Longtemps il avait été l'objet d'une prévention funeste à la morale, aussi bien qu'à l'intérêt public.

Les Économistes furent des premiers à réagir, en enseignant que l'agriculture, le commerce, l'industrie sont les vraies sources de la richesse et de la puissance des nations. Les philosophes à leur tour vinrent affirmer que le travail est l'honneur et le devoir de l'homme. Dès l'année 1723, un auteur comique à peu près inconnu, Legrand, en disait quelques mots dans son *Philanthrope* : « La plaisante félicité que de vivre sans rien faire ! Je voudrais bien vous demander quelle figure fait aujourd'hui un paresseux dans le monde. De quelle utilité est-il à la société ? Je vous déclare que je ne veux point pour gendre un homme oisif. » Plus tard, dans sa comédie du *Marchand de Smyrne*, Chamfort prouvait avec autant de gaieté que de malice combien un désœuvré ignorant peut être à charge à lui-même et aux autres. Un marchand d'esclaves a chez lui un certain nombre d'inutiles qu'il est impossible de vendre, ceux dont les professions, très-estimées peut-être ou très-utiles en Europe, sont inconnues en Asie-Mineure : le moindre laboureur ferait bien mieux son affaire. Mais celui qu'il maudit le plus est un baron allemand, gros mangeur, sans doute, et incapable, qu'il nourrit depuis des mois. Pour son malheur, il a chez lui quelques autres gentilshommes d'un placement tout aussi difficile. Un acheteur se présente, passe en revue les esclaves, et les interroge.

HASSAN.

De quel pays es-tu, toi ? Parle. Tu as l'air bien haut..... Parle donc.

L'ESPAGNOL.

Je suis gentilhomme Espagnol.

HASSAN.

Espagnols ! braves gens ; un peu fiers, à ce qu'on m'a dit en France... ton état ?

L'ESPAGNOL.

Je vous l'ai dit : gentilhomme.

HASSAN.

Gentilhomme, je ne sais pas ce que c'est. Que fais-tu ?

L'ESPAGNOL.

Rien.

HASSAN.

Tant pis pour toi, mon ami ; tu vas bien t'ennuyer (*au marchand*) vous n'avez pas fait là une trop bonne emplette.

LE MARCHAND.

Ne voilà-t-il pas que je suis encore attrapé ? gentilhomme ! C'est sans doute comme qui dirait baron allemand. C'est la faute aussi : pourquoi vas-tu dire que tu es gentilhomme ? Je ne pourrai jamais me défaire de toi !

Ceci était écrit en 1770. Depuis huit ans avait paru *l'Emile*, où Rousseau faisait l'éloge du travail manuel, et donnait aux heureux de ce monde un avertissement prophétique, en faisant apprendre à son élève l'état de menuisier : idée profonde, que Chamfort adopte et répète en riant. Mais la légèreté du genre ne rend pas l'imitation moins sensible.

Ainsi le travail est nécessaire ; les oisifs sont les plus inutiles et quelquefois les plus malheureux des hommes.

Durant son exil, Voltaire avait été frappé de la considération attachée au commerce dans un pays si voisin, et pourtant si différent du nôtre. Il comparait, pour l'influence et le prestige, le titre de marchand anglais à celui de citoyen romain. « Aussi, disait-il, le cadet d'un pair du royaume ne dédaigne point le négoce. Milord Townshend, ministre d'État, a un frère qui se contente d'être marchand dans la Cité. » Chez nous, au contraire, « le négociant entend lui-même parler si souvent avec dédain de sa profession, qu'il est assez sot pour en rougir. Je ne sais pourtant lequel est le plus utile à l'Etat, ou un seigneur bien poudré qui sait précisément à quelle heure le roi se lève, à quelle heure il se couche, et qui se donne des airs de grandeur en jouant le rôle d'esclave dans l'antichambre d'un ministre, ou un négociant qui enrichit son pays, donne de son cabinet des ordres à Surate et au Caire, et contribue au bonheur du monde. » Peu de temps après avoir écrit ces lignes, il composait *Zaïre*, et au lieu de rechercher pour sa tragédie la protection de quelque dame puissante ou d'un seigneur bien en cour, il la dédiait à un simple négociant anglais, M. Falkener.

Lorsqu'il fit jouer l'*Ecossaise*, son dessein était, avant tout, de rendre odieux sous le nom de Wasp, qui signifie guêpe, et de déchirer à coup d'allusions perfides son éternel ennemi Martin Fréron. Mais cette haine se contenta de quelques scènes épisodiques. Le reste de la pièce formait une comédie assez touchante, une des meilleures de Voltaire assurément. L'auteur profita de ce que l'action se passait à Londres pour répéter avec plus de force sa protestation en faveur du commerce : il imagina le personnage de Freeport, singulier mélange de brusquerie et de générosité, véritable bourru bienfaisant, cœur excellent sous une enveloppe grossière, en somme, sympathique. Les Anglais eux-mêmes en jugèrent ainsi. Bien que cet original eût quelques uns des défauts du caractère national, ils furent très flattés du portrait : un de leurs auteurs en vogue le reproduisit à Londres dans une comédie imitée de l'*Ecossaise*, qui s'appela *le Marchand anglais*.

Comme le Misanthrope, Freeport nous amuse par ses bizarreries et nous séduit par ses bonnes qualités. Il s'introduit sans façon chez une jeune fille, garde son chapeau sur la tête, s'assied, déjeune et lit les journaux comme chez lui, mais c'est pour laisser sur la table une bourse de cinq cents guinées qu'il ne sait offrir autrement, et dont la pauvre Lindane a grand besoin. Ce n'est pas lui qui rougirait de sa profession pour s'humilier devant les distinctions sociales : il n'aime point les grands seigneurs, et l'avoue sans détour. Plein de l'orgueil de son état, il croit ne le céder à personne.

La jeune fille inconnue, Lindane, n'est pas moins remarquable par une résignation fière et touchante. Sa famille est proscrite ; ses biens ont été confisqués. Mais sans rien dire de sa détresse au riche seigneur dont elle est aimée, sans accepter les secours de Freeport, sans voir que son hôte Fabrice trouve mille moyens ingénieux d'adoucir secrètement sa misère, elle ne compte pour vivre que sur son travail. Fille d'un lord, elle ne croit pas se dégrader en tenant l'aiguille.

Ma chère Polly, dit-elle à la servante qui partage son infortune, qu'au moins le travail de mes mains serve à rendre ta destinée moins affreuse : n'ayons d'obligation à personne ; va vendre ce que j'ai brodé ces jours-ci (elle lui donne un petit ouvrage de broderie). Je ne réussis pas mal à ces petits ouvrages. Que mes mains te nourrissent et t'habillent : tu m'as aidée ; il est beau de ne devoir notre subsistance qu'à notre vertu.

Telle est la fraternité que le malheur établit entre Lindane et sa suivante. Déjà, dans l'*Enfant prodigue*, on avait vu quelque chose d'analogue, un valet osant s'exprimer ainsi :

> Oui, mon ami, tu fus jadis mon maître ;
> Je t'ai servi deux ans sans te connaître ;
> Ainsi que moi réduit à l'hôpital,
> Ta pauvreté m'a rendu ton égal.

Non content de le tutoyer avec une telle familiarité, Jasmin s'émancipait jusqu'à dire un moment après, d'un air de pitié : « Pauvre bête ! pauvre innocent. » Etait-ce là un rapprochement bien désirable, un bon exemple à suivre ? Non assurément. On peut admettre que le valet, resté fidèle au milieu de la désertion générale, obtienne de son maître, comme prix de ce dévouement, une certaine égalité familière et le titre d'ami. Pourquoi pousser plus loin ? Souvent Voltaire arrivait par exagération à un comique forcé, invraisemblable ; mais ici se devine en outre une intention morale. Pour faire sentir par l'abaissement cruel de l'Enfant prodigue l'étendue de sa faute, est-il un meilleur moyen ? L'amitié n'est ici produite que par le vice et la misère. Ce n'est pas le valet qui s'est élevé, mais bien le maître qui s'est dégradé. Rien de pareil dans l'*Ecossaise*. Le dévouement d'un côté, le malheur de l'autre rapprochent les conditions ; cette égalité qui vient du cœur n'est ni malsaine ni humiliante.

Revenons au négociant. L'apologie commencée

dans l'*Ecossaise* fut complétée par le *Philosophe sans le savoir*, le chef-d'œuvre de Sedaine.

En lisant cette pièce, on est étonné de ne plus retrouver les caractères de convention, les plaisanteries forcées et usées de la plupart des comédies du même temps. On se sent rafraîchi, on pénètre dans un monde nouveau, et pourtant réel. Dès les premières scènes, avant que l'action dramatique soit vraiment engagée, l'auteur nous attache par les détails naïfs de la vie ordinaire. Il fut surnommé le Greuze du théâtre ; en effet, dans ce tableau d'intérieur, ses personnages, comme ceux du peintre, respirent la sensibilité, l'honnêteté, la grâce ingénue. Tout cela est encore bien idéal ; nous sommes cependant séduits par une apparence de vérité.

Sedaine ne s'amuse plus, comme les anciens comiques, aux dépens de ses personnages. Tout au plus cherche-t-il à nous faire sourire de quelques singularités de caractère, ou des distractions de Victorine ; ce sont pourtant des bourgeois qu'il nous présente avec une prédilection si marquée. Le principal personnage se distingue surtout par une noblesse de sentiments, une dignité simple, une vertu sans effort, toujours attribuées jusqu'alors à des hommes d'une condition plus haute. C'est l'Ariste d'autrefois, avec cet avantage que des événements voisins du drame lui permettent de se montrer philosophe en action.

L'amour et le respect dont l'entoure sa famille

font déjà son plus bel éloge. Il donne à ses enfants l'exemple d'une probité délicate, poussée jusqu'au scrupule. Ainsi, lorsque Sophie, toute heureuse de porter pour la première fois du rouge, des mouches, des diamants, et de faire la dame, ménage à son père une surprise, lorsqu'elle se présente à lui, sous le nom d'une personne de qualité, pour toucher l'argent d'un billet faux qu'elle vient de faire en jouant, M. Vanderk se prête d'abord à la plaisanterie, car sa vertu n'est ni sombre ni chagrine, et il est heureux de la joie de ses enfants. Sans être dupe, il paie les trente louis à la soi-disant marquise de Vanderville, puis il refuse de les reprendre une fois le badinage fini : « Garde-les, ma fille, je ne veux pas que, dans toute ta vie, tu puisses te reprocher une fausseté, même en badinant. Ton billet, je le tiens pour bon. » L'honnêteté de ses actions ne dément pas ses paroles. Quand il escompte la lettre de change de M. d'Esparville, c'est par pure complaisance et générosité. Comme il peut le faire sans perte, il refuse le bénéfice légitime qui lui est offert, c'est ainsi qu'il relève sa condition, et prouve doucement à cet inconnu que tous les négociants ne sont pas des usuriers ou des arabes.

Cette générosité devient même, à un moment, de l'héroïsme. Si M. d'Esparville est si pressé d'argent, c'est qu'il a un fils qui va se battre, et dont il faudra faciliter la fuite après une victoire certaine, car son adresse est redoutable. Quelle torture pour le père, qui ne sait que trop quel est l'adversaire du jeune d'Esparville ! La somme n'est pas encore livrée ; tout autre refuserait de contribuer à l'évasion d'un ennemi déjà couvert peut-être du sang de son fils ; mais il a donné sa parole. A cet instant les trois coups frappés à la porte, signal convenu avec le fidèle Antoine, lui apportent la nouvelle, heureusement fausse, d'un dénoûment fatal. Tout foudroyé qu'il est, tombant à moitié évanoui sur une chaise, il trouve encore la force de tendre à d'Esparville son argent et de lui dire : « Partez, monsieur, vous n'avez pas de temps à perdre. »

Ces quelques traits suffisent pour faire de M. Vanderk un des plus honnêtes, des plus nobles personnages qu'on puisse voir sur la scène. Sedaine pouvait s'en tenir là ; on admire et on aime son négociant, qui, soit dans les rapports ordinaires de la vie, soit dans l'exercice de sa profession, fait preuve de tant de vertus. Mais quel auteur savait se défendre du désir d'introduire dans ses pièces une discussion théorique ? Sedaine, entraîné par l'usage, se crut donc obligé de suspendre l'action pour discuter ce qu'il allait très-suffisamment démontrer un moment après. Toute cette digression est renfermée dans une scène, du moins assez courte, et qui ne manque pas d'intérêt. On vient de signer un contrat ; le fils, qui n'a jamais connu à son père d'autre nom que Vanderk, ni d'autre état que celui de marchand, s'étonne du titre nouveau qu'il a pris sur cet acte : « chevalier, ancien baron de Savières », et sur une nouvelle affirmation il s'écrie : « Est-il possible, fussiez-vous le plus pauvre des nobles, que vous ayez pris un état? »

M. VANDERK PÈRE.

Mon fils, lorsqu'un homme entre dans le monde, il est le jouet des circonstances.

M. VANDERK FILS.

En est-il d'assez fortes pour descendre du rang le plus distingué au rang...

M. VANDERK PÈRE.

Achevez, au rang le plus bas.

Alors il raconte sa vie en quelques mots : à la suite d'un duel où je fus trop heureux, je m'embarquai. Je rendis service au bon Hollandais, propriétaire du bâtiment sur lequel je naviguais. Je fus par lui associé à ses affaires, et je les continue encore sous le nom de mon bienfaiteur. Devenu riche, j'ai racheté les anciens domaines de ma famille autrefois ruinée. « Ils seront à vous, ces biens, ajoute-t-il, et si vous pensez que j'aie fait par le commerce une tache à votre nom, c'est à vous de l'effacer. Mais dans un siècle aussi éclairé que celui-ci, ce qui peut donner la noblesse n'est pas capable de l'ôter. » Le mot est fort, et bien frappé dans sa concision. Il vaut tout un raisonnement. Puis commence, non pas l'apologie du commerce, mais un vrai dithyrambe qu'il faut citer presque en entier : nous nous contenterons de supprimer les parties de simple dialogue, aussi bien que les interruptions ou les marques d'approbation du fils.

> Quel état que celui d'un homme qui, d'un trait de plume, se fait obéir d'un bout de l'univers à l'autre ! Son nom, son seing n'a pas besoin, comme la monnaie d'un souverain, que la valeur du métal serve de caution à l'empreinte : sa personne a tout fait ; il a signé, cela suffit..... Ce n'est pas un peuple, ce n'est pas une seule nation qu'il sert ; il les sert toutes, et en est servi ; c'est l'homme de l'univers.... Quelques particuliers audacieux font armer les rois, la guerre s'allume, tout s'embrase, l'Europe est divisée ; mais ce négociant anglais, hollandais, russe ou chinois, n'en est pas moins l'ami de mon cœur ; nous sommes, sur la surface de la terre, autant de fils qui lient ensemble les nations, et les ramènent à la paix par la nécessité du commerce... Je ne vois que deux états au-dessus du commerçant (en supposant qu'il y ait quelque différence entre ceux qui font le mieux qu'ils peuvent dans le rang où le ciel les a placés) ; je ne connais que deux états, le magistrat qui fait parler les lois, le guerrier qui défend la patrie.

Ce n'est pas un roturier, c'est un gentilhomme qui parle ainsi. Certes il ne méprise pas la noblesse, il parle en assez beaux termes du métier qu'elle préfère, celui des armes ; mais il croit le sien tout aussi noble, et n'est-il pas remarquable qu'il le conserve, quoique délivré de la nécessité qui le lui avait imposé ? Combien d'autres, une fois le duel oublié, auraient repris leur nom qu'il n'y avait plus danger à porter, et, parvenus à l'opulence, n'auraient cru pouvoir en jouir honorablement que dans le rang et avec le titre de gentilhomme !

Indiqué par Voltaire, créé par Sedaine, ce type de l'honnête et généreux marchand, excellent père de famille et ami loyal, reparut plus d'une fois, M. Vanderk avait fait école.

Dans son drame des *Deux amis* (1770) Beaumarchais nous présente même un négociant qui vient de recevoir des lettres de noblesse. Pourquoi ? peut-être parce que l'auteur en avait acheté lui-même, et qu'il était bon de montrer à tous le travail honoré par le pouvoir. Mais ce qui devait alors paraître étrange, c'est qu'Aurelly, une fois noble, n'abandonne pas les affaires. Beaucoup d'autres, à peine enrichis, le faisaient alors, s'imposaient l'existence oisive et futile des gens de condition, et achetaient des charges pour leurs enfants, au grand détriment du commerce, qu'ils privaient ainsi des grandes fortunes nécessaires aux vastes entreprises. Celui qui est ici proposé pour modèle, refuse de quitter les affaires en même temps que la roture. Il a en effet de sa profession la plus haute idée, il n'en parle qu'avec enthousiasme, et ne se sent plus d'aise lorsqu'on le salue du titre de citoyen utile.

> Utile, voilà le mot. Qu'un homme soit philosophe, qu'il soit savant, qu'il soit sobre, économe ou brave ; eh bien !... tant mieux pour lui. Mais qu'est-ce que je gagne à cela, moi ? L'utilité dont nos vertus et nos talents sont pour les autres, est la balance où je pèse leur mérite. Je fais battre journellement deux cents métiers dans Lyon. Le triple de bras est nécessaire aux apprêts de mes soies. Mes plantations de mûriers et mes vers en occupent autant. Mes envois se détaillent chez tous les marchands du royaume ; tout cela vit, tout cela gagne, et, l'industrie portant le prix des matières au centuple, il n'y a pas une de ces créatures, à commencer par moi, qui ne rende gaîment à l'Etat un tribut proportionné au gain que son émulation lui procure.

Les économistes étaient en train de s'insinuer dans la faveur publique : ces calculs au milieu d'une comédie nous le prouveraient de reste. C'est l'époque où les femmes les plus élégantes prenaient plaisir à disserter sur le commerce des blés, et lisaient les *Dialogues* de l'abbé Galiani. La mode était aux chiffres.

Aurelly continue à montrer dans le négociant le vrai bienfaiteur de tous ceux qui l'entourent et de l'État lui-même.

> Messieurs (il n'a que deux auditeurs, mais il prend déjà l'attitude et l'emphase d'un orateur), tout l'or que la guerre disperse, qui le fait rentrer à la paix ? Qui osera disputer au commerce l'honneur de rendre à l'État épuisé le nerf et les richesses qu'il n'a plus ? Tous les citoyens sentent l'importance de cette tâche : le négociant seul la remplit. Au moment que le guerrier se repose, le négociant a l'honneur d'être à son tour l'homme de la patrie.

Beaumarchais ne répète pas Sedaine, il le complète, en ajoutant au premier plaidoyer des arguments plus pratiques, plus politiques.

Les deux personnages qui donnent leur nom au drame sont des amis modèles ; impossible de pousser plus loin la fidélité ou l'esprit de sacrifice ; chacun d'eux abandonne sa fortune pour sauver l'autre. C'est une lutte héroïque de dévouement.

Quelques spectateurs furent choqués en voyant de si petites gens célébrés pour leurs vertus. A la première représentation, un jeune important de la Cour disait gaîment à des dames : « L'auteur, sans doute, est un garçon fripier qui ne voit rien de plus élevé que des commis des fermes ou des marchands d'étoffes, et c'est au fond d'un magasin qu'il va chercher les nobles amis qu'il traduit à la scène française. — Hélas ! Monsieur, répliqua Beaumarchais qui avait tout entendu de la loge voisine, il a fallu du moins les prendre où il n'est pas impossible de les supposer. Vous ririez bien plus de l'auteur, s'il eût tiré deux vrais amis de l'Œil-de-Bœuf ou des carrosses [1]. »

L'action n'est pas de celles qu'on puisse facilement résumer : il faudrait pour cela trop de calculs. Ami, élève du vieux Pâris-Duverney, Beaumarchais avait l'amour et le génie des affaires ; il parle avec une complaisance inépuisable de paiements ou d'échéances, il a créé la comédie de chiffres. On eut raison de dire que tout cet argent produisait peu d'intérêt.

A l'éloge du commerce est joint celui de la finance. Mélac, cet ami parfait, est de ceux que la littérature avait si souvent bafoués sous le nom de commis, de traitants, de partisans, de maltôtiers. Pour la première fois ce descendant de Turcaret, au lieu de voler les autres, se dépouillait lui-même.

Autre circonstance à noter : Mélac, le commis des fermes, est gentilhomme, et a d'abord servi. Lorsqu'il est revenu de l'armée, blessé, réformé, ruiné, il a montré d'abord quelque répugnance pour ce nouvel état qu'on lui offrait. Mais ses préjugés ont si bien disparu, que, malgré sa richesse, il ne cherche pas d'autre carrière pour son fils. M. Van-

---

[1] Préface du *Mariage de Figaro*.

derk a fait du sien un officier, et a racheté une à une les terres de sa famille, si bien que le jeune homme pourra reprendre le nom, les titres de ses ancêtres, et n'aura que traversé la bourgeoisie sans s'y arrêter. Beaumarchais nous fait voir le contraire : tout le désir du jeune Mélac est d'obtenir la survivance de la charge de son père, et d'épouser la fille d'un négociant.

Un autre financier, le fermier-général Saint-Alban, figure dans la même pièce avec honneur. La plaisanterie jadis consacrée par Boileau, La Bruyère et tant d'autres,

>   Je l'ai connu laquais avant qu'il fût commis,

ne serait plus de saison. Ce personnage n'est pas un Crispin, un Flamand, un Champagne resté rustre en dépit de ses millions. Quel progrès depuis un demi-siècle ! Le parvenu s'est décrassé, il a fréquenté les seigneurs, marié sa fille à un bon gentilhomme, et acheté pour son fils une charge de magistrature. Il a reçu les gens de lettres, les artistes, dont il s'est fait le Mécène ; il donne à souper une fois par semaine, il a son jour de concert et son théâtre particulier. La métamorphose est complète, et ni l'influence, ni la considération ne lui sont aujourd'hui refusées. Jadis les chambres ardentes, l'amende, la confiscation, la prison ou même la potence, lui faisaient expier sa fortune insolente. Mais depuis il est parvenu même au pouvoir : longtemps les frères Pâris ont été aussi puissants que des ministres, Silhouette a été contrôleur général, le banquier Necker sera bientôt le premier homme populaire de la Révolution. Enfin, quelques-uns vont jusqu'à se distinguer dans les travaux de l'esprit. C'est la finance qui donne à la philosophie ou à la science Helvétius, Condorcet, Lavoisier.

Saint-Alban est donc un modèle. On trouve en lui toute l'aisance de manières, toute la distinction de parole d'un gentilhomme de race ; la générosité de son âme répond à l'élégance de sa personne et de son esprit. O Lesage, qu'eût dit votre ombre moqueuse à la vue de cette revanche triomphante de vos anciennes victimes ?

CHAPITRE VI

PROFESSIONS DIVERSES. — L'HOMME DU PEUPLE.— LE PAYSAN ET LE BON SEIGNEUR DANS L'OPÉRA-COMIQUE.

Cependant le théâtre ne renonça pas toujours à rire : certaines professions conservèrent longtemps encore le privilége de mettre en verve les émules de Molière ou de Lesage, et d'égayer le parterre.

Il y eut deux opinions, deux courants contraires : les uns continuèrent à railler quand même, à ne voir que les défauts saillants des personnes. Pour eux, l'ancienne tradition se perpétuait invariable. Les autres allèrent plus au fond des choses; il leur parut injuste de condamner sans retour toute une classe honorable, pour les travers de quelques uns, d'oublier pour quelques ridicules des services réels; ils reconnurent partout des vertus.

Le rôle du juge pourra mieux que tout autre nous servir ici d'exemple. Sans doute, la magistrature avait toujours été placée bien au-dessus du commerce, et nul n'oserait dire qu'elle fût dédaignée de cette société de l'ancien régime où le pouvoir des Parlements était si considérable, où l'indépendance des caractères, la distinction des esprits, les vertus héréditaires assuraient à certaines familles de robe une illustration si légitime. Mais la justice n'était point parfaite, surtout aux yeux de la comédie. Ses lenteurs proverbiales, ses procédures embrouillées et ruineuses ne faisaient pas aimer les gens de loi ; l'habitude de solliciter pouvait nuire à leur réputation d'impartialité ; le costume, la gravité affectée, le jargon bizarre prêtaient à rire, et les courtisans, les gens d'épée, s'amusaient volontiers aux dépens de ces robins, noblesse nouvelle et puissante.

Racine s'était moqué de Perrin Dandin; il avait fait du discours de Petit-Jean la satire des avocats de son temps : la comédie des *Plaideurs* n'est pas toujours un innocent badinage.

Plus tard, pour ne citer que les principaux, Lesage parlait méchamment de la justice, « une si belle chose, qu'on ne saurait trop cher l'acheter. » A son tour, Destouches [1] indiquait en ces termes le moyen sûr et infaillible de gagner un procès.

Je crois que j'en serai quitte pour cinquante pistoles que j'ai mises dans la main du secrétaire de votre rapporteur. J'ai fait parler de jolies femmes aux jeunes conseillers ; j'ai employé des gens de crédit et d'autorité auprès des anciens ; j'ai envoyé deux quartauts de vin de Champagne à votre avocat ; j'ai donné six poulardes et deux chapons du Mans, avec un pâté de perdrix, à

---

[1] Dans l'*Obstacle imprévu*.

votre procureur. Voilà, je crois, tout ce qui peut accélérer un jument, et rendre une cause excellente.

LA COMTESSE.

Après cela, il faut que je gagne, ou il n'y a plus de justice dans le monde.

Voltaire n'aimait pas « Messieurs » des Parlements : il ne pouvait leur pardonner la proscription des ouvrages philosophiques, ni certaines sentences injustes qu'il fit casser par l'opinion : dans sa comédie de l'*Enfant prodigue*, le rôle du président Fierenfat est tout à fait digne du nom qu'il a imaginé pour ce personnage sot, égoïste et plein de morgue. Enfin Beaumarchais, qui gardait rancune, et pour cause, à la magistrature, n'a pas épargné ce pauvre Bridoison.

Voilà donc la verve satirique et gauloise, la plaisanterie des fabliaux et des farces, celle de Rabelais, qui se conserve la même jusqu'au dernier jour. Mais d'autres écrivains moins moqueurs, loin de rappeler ses torts à la justice, ne parlaient qu'avec éloge et respect de ses devoirs sacrés.

Sans revenir sur la *Gouvernante* de La Chaussée, où le président de Sainville est représenté sous des traits si flatteurs, nous trouvons vers la même époque, en 1728, *le Procureur arbitre*, de Poisson. De tous les personnages de notre ancien répertoire, aucun peut-être n'a été plus malheureux que le procureur. Il partageait avec le traitant la haine populaire, et tous ceux qui avaient passé par ses griffes devaient avec plaisir le reconnaître sur la scène, tantôt bafoué comme un grotesque, tantôt méprisable et odieux. C'est surtout aux théâtres de la Foire que ce caractère s'étalait dans toute sa laideur : physique ridicule ou repoussant, âme basse, rapace et vénale ; il n'y a pas d'affront qu'il ne subisse, de mauvais tour dont il ne soit victime, d'outrage qui ne soit lancé sur lui et tous ceux qui l'entourent. Le moindre de ses maux est d'être un mari toujours trompé ; nous ne parlons pas des coups de bâton, il en pleut sur ces théâtres. En un mot le procureur expiait durement ses torts, et ceux d'autrui ; c'est lui qu'on rendait responsable de tous les abus monstrueux, des « mangeries de justice » et lorsqu'on vit dans cette comédie de Poisson un procureur honnête homme, on dut crier au miracle.

Ce héros s'appelle Ariste (un nom de bon augure); au lieu de faire traîner les procès, de chercher à les entretenir par la chicane, il étouffe le mal dès sa naissance, en accordant les plaideurs qui seraient dévorés par ses confrères ; il s'est constitué juge de paix : sans huissier ni greffier, il rend la justice à tous ceux qui acceptent son arbitrage. Sa probité renommée attire une foule de clients, et jamais on n'en appelle des sentences de ce parfait magistrat.

Mercier vint ensuite, et composa un drame intitulé *le Juge*, c'était, sous des noms imaginaires, l'aventure célèbre de Frédéric et du meunier de Sans-

Souci. Appelé à prononcer entre un puissant seigneur et un pauvre paysan opprimé, le juge n'hésitait pas ; ni l'amitié, ni la reconnaissance, ni la crainte de perdre sa place, ni la perspective de la ruine n'étaient capables d'ébranler un instant sa conscience.

La plupart des anciennes victimes de la comédie étaient traitées avec la même faveur : on ne voulait plus voir que les beaux côtés de la nature humaine. Les médecins n'avaient plus la bêtise profonde et l'imperturbable ignorance d'un Purgon ou d'un Diafoirus. L'avocat ne portait plus le nom de Bredouillet, et cessait d'habiter rue des Mauvaises-Paroles. Le notaire devenait homme du monde. Cette transformation des rôles attestait l'influence croissante du Tiers-Etat, en même temps qu'elle préparait son émancipation politique.

Aussi bien que la bonne bourgeoisie, le menu peuple, la foule des travailleurs de la ville et de la campagne, trouva des défenseurs. Un détail suffira pour nous rappeler combien cette classe misérable était traitée avec mépris. Ceux dont elle était le plus voisine affectaient envers elle les mêmes airs que la noblesse. En 1743, au début de la guerre de la succession d'Autriche, il fut question de lever à Paris et dans toutes les villes des régiments de milice recrutés par le tirage au sort. On peut voir dans le journal de l'avocat Barbier, fidèle écho d'un certain monde bourgeois, quel murmure excita le projet de formation de ce corps, où les fils d'échevins, de marchands, de rentiers auraient servi côte à côte avec ceux des simples ouvriers, tant il semblait naturel de faire retomber tous les fardeaux sur le plus faible ! L'armée n'était pas alors ce qu'elle est devenue depuis, la nation elle-même réunie autour de ses drapeaux par devoir patriotique. Etre soldat, ce n'était point s'acquitter d'une dette sacrée, c'était faire un métier comme un autre, et même moins estimé qu'un autre. Au dessous des officiers gentilshommes, qui servaient par honneur, par tradition de famille, et gardaient pour eux toute la gloire, ce n'était qu'une troupe recrutée parmi les indigents, les vagabonds, les aventuriers, et sans avenir comme sans moralité : s'enrôler était donc l'extrême ressource du désespoir, et pour ainsi dire la dernière misère : pareil métier [1] ne convenait qu'à la populace.

Celle-ci avait longtemps souffert, car la charité était impuissante à soulager le mal, et les premiers qui élevèrent la voix pour proposer un remède plus efficace, ne trouvèrent pas d'écho. Vauban dut étonner tout le monde, lorsque, dans son beau livre de

[1] Dans quelques vers de l'*Enfant prodigue*, puis dans *Nanine*, Voltaire s'efforça de relever ce métier de soldat « il est bien moins honoré qu'honorable. » (Acte III, Scène 6.) Plus tard, Sedaine composa le *Déserteur*, et donna pour la première fois un rôle intéressant à ce personnage, qui, jusqu'alors, n'avait paru que dans des scènes épisodiques, grossier, brutal, assez bon diable au fond, mais toujours pris d'une pointe de vin, comme La Rissole du *Mercure Galant*. Enfin, Mercier, dans un drame qu'il intitula également le *Déserteur*, quoique l'action n'ait rien de semblable, opposa à l'étourderie généreuse et frivole de l'officier gentilhomme, les vertus austères de l'officier plébéien.

la *Dîme royale*, calculant sou par sou le salaire annuel d'un tisserand de la ville ou d'un manœuvre de la campagne, il prouvait leur misère, et s'efforçait d'appeler la compassion du public sur « ce qu'on appelle mal à propos la lie du peuple. » Le préjugé s'affaiblit peu à peu, grâce aux philosophes, grâce surtout à Rousseau, qui était né dans les rangs du peuple, qui aimait la pauvreté au point de la préférer pour lui-même, et d'en faire une vertu.

Des disciples ne manquèrent pas pour reproduire ses idées sur la scène. Mais de tous les écrivains du temps, celui qui apporta le plus de suite et de conviction dans cette campagne démocratique fut certainement Mercier, Mercier qu'on surnomma le singe de Jean-Jacques, et qui devait être plus tard membre de la Convention, tant ses drames l'avaient rendu populaire.

M. Falkener, à qui fut dédiée *Zaïre*, était un gros négociant, qui devint chevalier, ministre et ambassadeur. Le héros de Sedaine, celui de Beaumarchais étaient encore des millionnaires, autre sorte d'aristocratie. Avec Mercier nous descendrons quelques degrés de l'échelle sociale ; son héros est souvent un simple artisan.

La *Brouette du Vinaigrier*, pièce bizarre comme son titre, nous fait d'abord connaître un honnête négociant, qui, ruiné tout d'un coup, c'est l'usage au théâtre, par la faillite de correspondants étrangers, repousse avec indignation le conseil de faire appel au crédit pendant que son désastre est encore inconnu, de tripler l'état de ses dettes, et d'assurer par ce beau subterfuge la conservation de sa fortune : passons rapidement sur ces circonstances, elles sont banales déjà. Le seul rôle original est celui du père Dominique, vinaigrier ambulant, qui depuis quarante-cinq ans roule sa brouette dans les rues de Paris, s'est amassé à l'insu de tous une somme assez ronde, et n'en est pas devenu plus fier, car il n'a pas changé d'état. Il s'est contenté de bien élever, de bien faire instruire son fils, et de le placer dans la maison de M. Delomer, où ses talents et sa probité sont appréciés. On devine que M. Delomer est le négociant menacé de faillite; on devine aussi qu'il a une fille.

Le père Dominique, avons-nous dit, n'est pas fier et ne dédaigne personne; mais en revanche il s'estime autant qu'un autre. « J'ai vu les grands, j'ai vu les petits ; ma foi, tout bien considéré, tout est de niveau ; ce qui est en fait la différence ne vaut la peine d'être compté. » C'est en ces termes qu'il console son fils, épris de la fille de son patron, et qui s'en croit indigne ; puis, à la stupéfaction du jeune homme, il se fait fort d'aller présenter lui-même la demande, et, qui plus est, de réussir.

Alors dans son costume ordinaire, bonnet de laine et veste rouge, poussant toujours sa brouette, il arrive à la porte de la maison opulente. Les laquais ricanent, le fils désespère du succès d'une démarche entreprise en aussi singulier équipage ; mais le bonhomme a son secret. Sans quitter sa chère brouette, il entre dans l'appartement. Ce qui lui donne tant de confiance, c'est qu'au lieu du vinaigre ordinaire, le tonneau renferme 4,778 louis d'or, en rouleaux bien comptés, et quelques sacs par dessus le marché. Voilà son portefeuille à lui, et ce portefeuille en vaut en autre. Ce métal pernicieux, ainsi l'appelle Mercier par un reste d'habitude, a pourtant son mérite ; il arrive fort à propos pour faciliter les paiements de M. Delomer, et pour conclure le mariage des deux jeunes gens.

Ce père Dominique est bien l'homme du peuple avec toutes les qualités que lui reconnaissent le drame et le roman modernes. Le bon sens et l'expérience lui tiennent lieu d'instruction ; laborieux, frugal, il a économisé sou à sou une fortune assez belle, et sans être ambitieux pour lui-même, il fait tout pour que son fils arrive plus haut et devienne un bourgeois. Mais on est toujours l'aristocrate de quelqu'un : ce vinaigrier ambulant, possesseur d'un tonneau si bien garni, est encore un richard : au-dessous de lui, il y a l'ouvrier malheureux et affamé. Mercier s'occupe également de celui-ci.

Les plaintes du pauvre contre la société qui a si mal distribué la richesse entre les hommes ne sont pas chose nouvelle, et, sans chercher plus loin, *Arlequin Sauvage*, la *Jeune Indienne*, les ont déjà exprimées avec une naïveté malicieuse ; mais ils semblaient se jouer l'un et l'autre, et chercher avant tout les bons mots. Avec Mercier, tout va devenir sérieux ; l'esprit sera remplacé par l'émotion, le badinage par les larmes. A la façon dont l'auteur a conçu et présenté son sujet, on prévoit que la « question sociale » sera bientôt posée, que la revendication du prolétaire est proche, et, ce qui doit être envisagé comme un grave symptôme, c'est que déjà, de parti pris, à la vertu misérable du travailleur est opposée la corruption égoïste du mauvais riche.

Tel est l'esprit qui inspire le drame de l'*Indigent*. La première scène nous introduit dans une mansarde délabrée, qu'habitent le frère et la sœur (ils croient l'être du moins). La nuit va finir, Joseph, le tisserand, l'a passée tout entière à l'ouvrage, et sa sœur Charlotte, épuisée de fatigue, repose depuis deux heures à peine. Avec tant de travail, ils gagnent tout au plus le pain de chaque jour ; leur père est en prison pour deniers royaux, ses meubles saisis n'ayant pas suffi pour le libérer. Comment racheter sa liberté ? Aussi Joseph, malgré son courage, ne peut s'empêcher de se plaindre du marchand qui regorge de biens et rapine sur lui. Ses imprécations n'épargnent pas la société. La saison est rude,

Cruel hiver, tu te joins aux cœurs durs qui nous oppriment, pour achever de nous accabler... La terre est couverte de vieilles forêts, et je n'ai pas un fagot. Il faut du pain avant tout, et le pain est si cher !... Pour avoir encore de l'or, le riche a trouvé le secret de nous affamer !

Un bruit le fait sortir de cette triste rêverie, ce

sont les éclats de rire, les chants, les cris joyeux d'une orgie.

> Quel tumulte ! leur débauche éclate dans la nuit, et trouble le repos du pauvre. Ils se plaignent encore, lorsqu'au milieu du jour nos travaux les forcent d'ouvrir les yeux... Dans quel état sommes-nous réduits !

Le théâtre a vu depuis bien des mansardes ; toutes étaient faites à peu près sur ce modèle. Nous assistons ici à la naissance d'un genre.

Au second acte, c'est un tableau d'intérieur tout différent : un appartement somptueux de la même maison. Il est midi. Le jeune Delys, un petit-maître, vient de se lever. Il baille encore, il a mal à la tête, et ne sait que faire de son temps jusqu'à l'heure de l'opéra. Il se frotte les dents, se regarde au miroir, puis donne des ordres à ses laquais. L'un devra renouveler la provision de gimblettes de Mustapha, sans doute un singe favori ; un autre ira porter à la comtesse le tulle et les nœuds brodés par son jeune maître, et ainsi de suite. Tous ces détails sont peu flatteurs, mais il ne s'agit encore que de ridicules, voici maintenant les vices. Delys veut jouer au séducteur : il a remarqué la beauté de Charlotte ; d'abord on fait venir Joseph pour lui offrir une bourse de louis. Celui-ci, croyant à une générosité désintéressée, ne voit dans cet or que la rançon de son père ; il accepte avec transport, mais sans humilité, et même il sait maintenir la dignité du pauvre. S'entendant tutoyer, il répond (avec une simplicité noble) : « Monsieur, je suis Joseph, un ouvrier, et non pas votre ami : si je l'étais, nous pourrions nous tutoyer ; c'est pourquoi ne me faites pas rougir ; je ne suis pauvre que parce qu'il y a trop de riches. » A son tour arrive Charlotte, attirée sous un faux prétexte. Elle aussi sait rester digne, et répondre aux offres de séduction avec une modestie résolue. Elle saisit même un fusil afin de se défendre : c'est plus qu'il n'en faut pour effrayer le galant.

Cette Charlotte qu'il voulait séduire, Delys apprend bientôt qu'elle est sa sœur ; mais le cri de la nature est bien long, cette fois, à se faire entendre. Si la nature a ses prédestinés, les petits-maîtres ne sont pas du nombre. Celui-ci ne songe d'abord qu'à bien cacher le secret qu'il vient de découvrir, par crainte d'avoir à restituer la moitié de son immense fortune. Si Charlotte finit par connaître sa naissance et par rentrer dans ses droits, c'est que tout a conspiré contre les efforts de son frère, et qu'elle a eu le bonheur de s'adresser à un notaire honnête et incorruptible. Ce dernier écarte, ou, pour parler franchement, met à la porte un homme d'affaires peu scrupuleux qui conseillait au jeune homme de tout nier, de plaider quand même. Une fois Delys ainsi débarrassé de son mauvais génie, le notaire parvient à le toucher, et le ramène au devoir. C'est alors qu'agit la nature.

Delys a les deux mains sur son visage ; il est dans l'attitude d'un homme chez qui il se fait une révolution forcée et prompte. Il ouvre les bras, et, cachant tout d'un coup sa tête dans le sein du vieillard (son oncle), il s'écrie d'une voix étouffée :

Oui ! j'ai un cœur, j'ai un cœur... Je le sens... Mon oncle, je crois revoir en vous mon père. Je cède à vos vertus, tout me frappe malgré moi.

Ce jeune égoïste est donc transfiguré. Après avoir embrassé tout le monde, même le notaire, il consent de bon cœur à partager ses richesses. Les pauvres gens ne savent que dire à l'idée de cette opulence inespérée. « Quelle joie nous attend, nous pourrons répandre des bienfaits ! » La morale de ce drame est évidente. Mercier ne se contente pas de réclamer l'égalité pour l'ouvrier, d'établir entre le riche et le pauvre un parfait équilibre ; déjà cet équilibre est rompu en faveur du prolétaire. A celui-ci toutes les qualités et les vertus, l'innocence naturelle, les émotions saines et viriles, le travail, et malgré bien des souffrances, le vrai bonheur. A cet autre tous les vices, toutes les faiblesses, la sécheresse du cœur, l'oubli des sentiments et des devoirs les plus sacrés, un ennui, une souffrance intime que ne peut calmer même la possession de ces biens dont il est si fier et si jaloux. « Riches malheureux, gardez votre or indigent, et laissez-nous la volupté des larmes ! » Cette volupté si vantée pourrait lasser à la fin ; mais les pauvres gens en connaissent d'autres ; ils ont surtout les simples jouissances du cœur.

Au dessous des artisans de la ville, qu'y avait-il encore ? Les paysans, vrais déshérités de ce monde.

Tous les témoignages s'accordent sur leur misère. Ces animaux farouches, mâles et femelles, qui mériteraient, dit La Bruyère, de ne pas manquer de ce pain qu'ils ont semé, Vauban nous en parle également ; leur détresse est navrante. Ruinés par la taille, ils voient les collecteurs enlever jusqu'aux portes de leurs maisons, quelquefois même démolir leur misérable tanière, pour en arracher les poutres, les solives et les planches, qui seront vendues à vil prix. Ils vont presque nus, et loin d'améliorer leur culture, laissent dépérir le peu de terre qu'ils ont, craignant, s'ils paraissent riches, d'être imposés doublement l'année suivante. Souvent l'élévation des droits et la difficulté des transports les obligent à laisser périr chez eux des denrées dont on manque à vingt et trente lieues de là. Les dîmes, la gabelle[1], ajoutent encore à leurs souffrances ; puis viendront la corvée, la milice, et chaque année rendra le fardeau plus écrasant.

Aussi, dans les Mémoires du temps, est-il souvent question des campagnes désolées, de la dépopulation croissante, de la famine torturant ceux qui nourrissent les autres hommes, et de révoltes sans

---

[1] La cherté du sel le rend si rare, qu'elle cause une espèce de famine dans le royaume, très-sensible au menu peuple qui ne peut faire aucune salaison de viande pour son usage, faute de sel. Il n'y a point de ménage qui ne puisse nourrir un cochon, ce qu'il ne fait pas, parce qu'il n'a pas de quoi avoir pour le saler. Ils ne salent même leur pot qu'à demi, et souvent point du tout.—(Vauban. *Dîme Royale*.)

issue, sans résultat possible, qu'inspire en tous lieux le désespoir.

Tel est le peuple dégradé auquel on commençait à s'intéresser sur le théâtre, en attendant que les politiques voulussent bien à leur tour le prendre en pitié. Introduire des paysans sur la scène, c'était déjà beaucoup, si l'on songe à ce mot de l'auteur des Caractères, qui était pourtant leur ami, leur défenseur : « Le paysan ou l'ivrogne (ce rapprochement est peu flatteur) fournit quelques scènes à un farceur ; il n'entre qu'à peine dans le vrai comique : comment pourrait-il faire le fond ou l'action principale de la comédie ? » Longtemps, en effet, les personnages de ce genre n'avaient eu qu'un rôle épisodique, même chez Molière, qui a su tirer un si heureux parti de leur costume, de leur patois, et surtout de leur bon sens, de leur naïveté malicieuse. Mais peu à peu l'habitude vint de parler d'eux : ils firent rire et pleurer comme les autres hommes, et l'on s'accoutuma ainsi à croire qu'ils pouvaient prétendre aux mêmes droits.

Ces nouveaux venus se montrèrent un peu partout; ni le drame, ni la comédie ne leur étaient fermés. Mais une scène surtout leur fut consacrée et devint leur domaine propre. L'opéra-comique venait de naître. Favart, Sedaine excellèrent dans ce genre. Au lieu de s'épuiser, comme leurs prédécesseurs de la Foire ou de la Comédie italienne, à combiner des situations nouvelles, de plus en plus invraisemblables, pour des personnages imposés par la tradition et cent fois connus, ils furent libres d'imaginer, de créer ; ils avaient brisé leurs chaînes.

Dans les pièces modernes, Arlequin ne reparut qu'à de rares intervalles, et pour subir une dernière métamorphose bien imprévue. Le valet balourd, peureux, sensuel et glouton devenait avec Florian, auteur des *Deux billets* et du *Bon ménage*, un père de famille honnête et sensible. Le reste du temps, c'étaient des personnages comme ceux de la comédie ordinaire, ou des paysans.

Les paysans d'opéra-comique ! On en a ri beaucoup depuis, et l'on n'a pas toujours eu tort : les caractères étaient quelquefois aussi faux que les costumes enrubannés. Trop d'élévation ou trop de bassesse, il est rare de ne pas tomber dans l'un ou l'autre de ces défauts inhérents au genre pastoral.

Entre ces deux excès la route est difficile.

Le grand monde de cette époque, qui joignait tant de corruption à tant de raffinements et d'élégance, blasé, ennuyé, ne savait qu'inventer pour se distraire. On vit des princes étudier, afin de le reproduire sur leur théâtre privé, le jargon de la halle ou le patois du village : alors fut créé pour les délices des grands le genre poissard, aussi ennemi de la décence que de la grammaire. De ce côté, on poussa jusqu'au grotesque, et l'opéra-comique dégénéra en parades grossières.

Mais le plus souvent on tomba dans le défaut opposé. La nature était adorée, et les hommes les plus estimables devaient être ceux qui s'écartaient le moins de ses leçons. Plus favorisés que les autres, les paysans vivaient en sa présence, loin de la civilisation, du luxe et des arts corrupteurs. Toutes les perfections que la tragédie accordait à l'homme sauvage, les poètes d'opéra crurent les découvrir dans l'habitant de la campagne : le désintéressement, la candeur, la pureté, les vertus naïves de l'âge d'or étaient en lui. On ne parla point de ses misères, c'eût été introduire le sérieux, la tristesse dans des peintures avant tout légères et joyeuses : au contraire, partout furent célébrés les bienfaits de la vie champêtre. *O fortunatos nimium!* s'écriait-on avec Virgile.

> L'habitant, loin des cours et des cœurs corrompus,
> Y cultive en repos ses fruits et ses vertus [1].

L'*Inconstant* de Colin d'Harleville est celui qui fait de la campagne et de ses habitants le plus bel éloge. On nous dira que l'opinion d'un inconstant est sans valeur comme sans durée, que le propre de ce personnage est de tout admirer pour tout mépriser ensuite ; mais il est sincère au moment où il parle, et il ne fait d'ailleurs que répéter ce qu'il a souvent entendu.

> Heureux cultivateur, que je te porte envie !
> Ton air est toujours pur, ainsi que tes plaisirs,

---

[1] LAYA. *Les Dangers de l'Opinion.*

> Mille jeux innocents partagent tes loisirs;
> Tu vois mourir le jour, et renaître l'aurore ;
> Ton œil, à chaque pas, voit la nature éclore :
> Ta femme est belle, sage, et tes enfants nombreux.....

Beaucoup se plaisaient alors à mettre en action ce rêve de Florimond. Fatiguée de luxe et d'étiquette, Marie-Antoinette se réfugiait au Petit-Trianon : dans sa chère retraite, elle avait élevé tout un village en miniature. On y voit encore la maison du bailli, le presbytère, la ferme, le moulin à eau avec sa roue microscopique, et la laiterie ornée de bustes en marbre qui représentaient sous des costumes de pastorale, les princes et les princesses de la famille royale. Les anciens parcs tracés par Le Nôtre, leurs lignes droites et symétriques, leurs allées majestueuses, leurs vastes perspectives, semblaient artificiels ; on crut se rapprocher de la vérité, lorsqu'on n'avait fait que changer de parure, et remplacer le grand par le joli.

Ceux qui jouaient ainsi à la pastorale étaient pour la plupart étrangers ou hostiles au mouvement philosophique ; mais les idées du siècle les pénétraient à leur insu. De cet amour pour la vie champêtre, ils passèrent peu à peu à l'estime, à l'intérêt pour une partie du peuple si méprisée jadis.

Ce que l'on enviait surtout aux paysans, c'était l'amour. Il semblait que les émotions sincères et toutes les joies du cœur, bannies d'une société galante et licencieuse, eussent trouvé un refuge au village, et que là seulement, dans ces âmes primitives, le sentiment eût conservé toute sa force et sa grâce. Cette ingénuité sensuelle passait pour l'idéal de la passion. Ni le public ni les auteurs ne craignaient une situation risquée. La pureté traditionnelle des mœurs champêtres, et l'innocence supposée des personnages couvraient tout; avec ces mots sans cesse répétés, on défiait la morale dans des situations parfois scabreuses. L'indulgence était excessive. Dans un opéra de Favart, *Annette et Lubin* (imité des *Contes Moraux* de Marmontel), deux orphelins qui s'aiment dès l'enfance vivent ensemble le plus naïvement du monde : le troupeau, la maison, tout est commun entre eux. Mais ils ne sont pas mariés, c'est là un crime que le méchant bailli, jaloux de leur bonheur, ne peut leur faire comprendre.

LE BAILLI.

Mais vous vivez sans lois.

LUBIN.

Tant mieux.

LE BAILLI.

Voilà le mal.

LUBIN.

Voilà le bien.

LE BAILLI.

Les lois vous contrarient.

LUBIN.

Toujours des obstacles nouveaux !
Je me moque de tout. Eh ! morguié, les oiseaux
N'ont point de lois, et se marient.

Ce mot est un peu leste, mais la nature est complaisante au point de tout excuser.

Le défaut est général. Ces opéras d'ailleurs sont peu variés : mêmes incidents, mêmes caractères, tout est convenu et arrangé d'avance. Une ingénue qui ne peut combattre sa passion, une fermière ou meunière riche et veuve, mais déjà fanée, non contente de disputer à la pauvre fille son amoureux, veut encore lui faire épouser un niais fat et ridicule, qu'elle est trop heureuse ensuite d'obtenir pour elle-même. N'oublions pas le bailli, vieil amoureux maltraité, vindicatif, qui sera le traître de la pièce, et quelquefois une sœur plus jeune, mais dont le cœur commence à battre ; imaginons enfin, comme péripéties, une scène de bouderie ou de jalousie, le refus d'une fleur ou d'un ruban, et autres incidents pareils. Sedaine est presque le seul qui ait su mêler à ces peintures factices l'observation et la vérité. La meilleure paysannerie de l'ancien répertoire est sans contredit *Rose et Colas :* outre la fraîcheur et l'agrément des scènes d'amour, quoi de plus naturel que les finesses diplomatiques des deux pères ne s'abordant qu'avec prudence pour négocier le mariage, et convenant ensuite de paraître brouillés ? Mais ce mérite est rare : les autres écrivains s'inquiètent peu de la ressemblance du portrait, leurs bergères sont celles de Watteau ou de Florian. Aussi n'aurons-nous à citer en particulier que bien peu de scènes, celles où le paysan figure en présence du seigneur. Rien n'est plus instructif que ce rapprochement des deux rôles. Lisons l'*Erreur d'un moment*, opéra de Monvel, représenté en 1773.

Lucas et Catau, mariés depuis deux ans à peine, sont bien le plus honnête et le plus heureux ménage que l'on puisse voir. Lucas ne se contente pas d'aimer sa femme et son enfant, il est bon et généreux pour tout le monde. A son voisin, le pauvre Mathurin, dont la grange vient de brûler, il va porter tout l'argent dont il dispose, et sa femme est la première à l'approuver. En son absence, un message est apporté à Catau par M. de La Fleur, c'est un billet du comte. Le seigneur, récemment marié, est déjà las de sa fidélité; il veut séduire l'honnête paysanne : c'est là l'erreur d'un moment. Il devra sa guérison à Lucas lui-même, qui, prévenu par sa femme, a soin de survenir pendant l'entrevue accordée. Alors commence une scène bien délicate. Sans insolence, mais avec fermeté, Lucas tient tête au gentilhomme :

<small>Vous êt' mon maît', je l'sais, je n'sis qu'un pauv' paysan, vot' vassal; j'vous dois l'respect, j'vous le porte ; mais je n'vous dois point ma femme, et, morgué, vous n' l'aurez point.</small>

Le discours qui suit est très-pathétique, et, malgré l'apparence de jargon, trop bien tourné peut-être, ce laboureur manie la prosopopée comme un orateur de profession : il fait parler à son lit de mort l'honnête bûcheron dont il a épousé la fille.

<small>Il nous a dit avant d'mourir... Mon fils, mon cher Lucas... ma Catau, ma bien-aimée, j'n'ai que l'souvenir d'eun' bonne conduite à vous laisser ; j'vous ai baillé un bon exempl' tant</small>

qu'j'ons vécu, v'là tout vot' héritage, sarvez-vous en. J'n'oublierons jamais ces dernières paroles (en montrant son cœur). Elles sont là... ce sera l'héritage de nos enfants.

Ensuite il énumère les services que lui-même, Lucas, a pu rendre au comte à l'occasion de son mariage. Comment voulait-on l'en payer? (Il montre son fils endormi dans le berceau) :

V'là l'fruit du plus tendre amour ; je l'ons reçu d'la nature pour êt' la joie, l'espérance d'not' jeune âge, pour qui d'vint l'appui, la consolation d'not' vieillesse.

Et il finit en décrivant la douleur de la comtesse abandonnée, qui peut-être en mourra. Il n'en faut pas plus pour émouvoir le coupable. « Qu'allais-je faire? ah! malheureux! » s'écrie le comte ; alors l'épouse qu'il allait trahir arrive à temps pour le voir tomber à ses pieds. Le repentir semble sincère, et la conversion complète.

Ainsi, même dans ces œuvres fugitives, on pouvait voir encore le vice et la vertu représentés par le riche et le pauvre. Gardons-nous de croire cependant que la noblesse fût toujours sacrifiée; ce n'était là que l'exception. L'opéra-comique, genre bienveillant, voulait tout voir en beau, les gentilshommes aussi bien que les campagnards. S'il contribua pour sa part à répandre les idées nouvelles, il le fit presque toujours sans attaque, sans violence, et d'une façon détournée, quoique bien sensible encore, soit qu'il excitât l'intérêt en faveur d'une classe malheureuse, soit qu'il fît la leçon à l'aristocratie en lui proposant comme modèle le type du bon seigneur.

Le rôle de celui-ci est important : c'est lui qui d'habitude intervient à la fin de la pièce pour tout remettre en ordre, pour déjouer les méchants calculs du bailli, et pour unir les deux amants réconciliés. Quelquefois il se montre plus galant, plus généreux encore, en dotant les filles du village. Ce n'était pas une invention de poète, un simple dénoûment d'opéra. Ce genre de bienfaisance était réellement pratiqué, comme un souvenir et une tradition du vieux temps. Bossuet ne dit-il pas que, dans ses dernières années de pénitence, la princesse Palatine mariait les filles pauvres de ses domaines ? Plus tard, le sentiment venant au secours de la charité, cette mode se répandit et devint générale. Mme de Pompadour donnait l'exemple, que suivirent les riches particuliers ; et dès lors des mariages signalèrent toutes les réjouissances publiques. C'est ainsi que Strasbourg voulut célébrer l'anniversaire séculaire de sa réunion à la France ; c'est ainsi que Paris et les principales villes fêtèrent le mariage du Dauphin avec l'archiduchesse d'Autriche. Ailleurs, l'intendant de Picardie, magistrat bienfaisant et philosophe, restaurait à Salency la coutume oubliée du couronnement d'une rosière.

L'opéra-comique exploita ces situations qui lui convenaient à merveille. On joua *la Rosière de Salency*; à la veille d'être couronnée, la jeune fille se voyait menacée dans son honneur par les calomnies d'un amant éconduit et jaloux. Ou bien, comme dans *la Dot*, c'est un seigneur généreux qui, de temps en temps, fait prendre les noms des jeunes filles, pour les marier avec leurs préférés, Nicole avec Simon, Claudine avec Pierre, Suzette avec Lubin. Précédé d'un tambour, un magistrat parcourt le village, et vient recueillir les secrets de la bouche même des jeunes gens. Quand le seigneur soupçonne quelque brouille ou quelque malentendu, il vient en personne se renseigner, voulant que les unions soient assorties. Une autre fois (*Blaise et Babet*), un gentilhomme, M. de Belval, veut célébrer son bonheur par des bienfaits. Après avoir gagné un procès qui compromettait sa fortune, il s'empresse de répandre la joie autour de lui. Ce n'est pas une fille qu'il veut doter, mais six : une autre somme sera distribuée entre les pauvres habitants chargés de famille, et les bonnes gens qui, dans un moment de gêne, ont aidé le seigneur de leur argent, recevront une récompense plus riche encore, le prix de deux années de fermage, pour marier leur fille Babet. La lettre où M. de Belval annonce à tous ses volontés se termine par un mot plus flatteur encore que ses présents : « Aimez toujours celui qui sera toute sa vie votre ami. »

Si nous citons encore une pièce, c'est qu'elle se distingue par une intention morale bien marquée. L'auteur était le premier à en convenir, et allait au devant des reproches en déclarant dans sa préface « que l'amour de l'humanité avait autant de droits sur les cœurs, que la gaîté sur les esprits. » Cet opéra des *Moissonneurs*, bien qu'il soit signé de Favart, n'est pas, en effet, des plus gais; mais il est d'une moralité irréprochable. Ici le seigneur porte le nom expressif de Candor, qui fut donné plusieurs fois à des personnages de ce même caractère; patriarches et philosophes. Celui-ci prend contre son neveu Dolival, jeune écervelé assez dissolu, la défense des paysans, qu'il va jusqu'à placer au-dessus du gentilhomme.

>Cette espèce que tu méprises,
>Est victime des gens qui ne servent à rien.
>Quand vous avez au jeu perdu tout votre bien,
>Vous les pressurez tous pour payer vos sottises.
>Les excès où vous vous plongez
>Ferment vos cœurs, les endurcissent.
>Les oisifs sont heureux, les travailleurs gémissent.
>Ils font valoir vos biens, et vous les engagez.
>Vous les ruinez tous quand vous vous dérangez.
>Vos dépenses les appauvrissent :
>Ils cultivent la terre, et vous la surchargez.

Ainsi parle le vertueux Candor. Les paysans qui l'entourent sont tous ses amis : il vit au milieu d'eux et se plaît en leur compagnie, persuadé qu'il n'en existe pas de meilleure. Il porte leur habit, l'habit du métier, dont l'étoffe commune est assez bonne pour le soleil, la pluie et la poussière : il dirige en personne le travail de ses moissonneurs, et mange avec eux. Ce n'est pas un château qu'il habite, mais une maison modeste, qu'il se garderait bien d'embellir.

>Mon cher neveu, je veux que ma maison,

De simple et modeste apparence,
Annonce aux yeux de la raison
Plus de commodité que de magnificence.
Pour y bien recevoir mes amis, mes égaux,
Je veux, comme mon cœur, qu'elle soit à l'antique.
La gaîté, le bonheur sont sous un toit rustique,
Ils s'égarent dans les châteaux.

Aussi généreux que simple, il donne sans cesse. Par exemple, il recommande à un ouvrier de laisser tomber beaucoup d'épis pour augmenter le profit d'une glaneuse. Il connaît surtout ces prévenances délicates, plus rares et plus précieuses que les bienfaits : parmi ses travailleurs se trouve un vieillard de soixante-dix ans, qu'il oblige à quitter l'ouvrage trop dur pour ses forces, en lui payant sa journée entière. Un autre, accablé de chaleur, veut se désaltérer avec de l'eau claire, on lui donne du vin ; puis, à l'heure où le soleil devient trop ardent, les moissonneurs sont conduits au bas de la montagne, où ils pourront travailler à l'ombre. On comprend l'enthousiasme des villageois qui n'ont jamais été si bien traités ; ils chantent en chœur :

Ah ! queu régal !
Notre bon maître
Veut bien paraître
Notre égal.

Candor recevra sa récompense. Malgré son âge, il trouve enfin la femme qu'il mérite. C'est Rosine la glaneuse, une fille de bonne naissance, réduite par des malheurs inouïs à une condition misérable qu'elle supportait avec courage, insensible aux séductions de Dolival. On reconnaît l'histoire biblique de Ruth et de Booz.

Comprend-on un gentilhomme qui n'aime pas la chasse, qui n'a pas même de gardes sur ses terres, et laisse les paysans braconner tout à leur aise ? Aussi Candor passe-t-il aux yeux de son neveu pour un extravagant. Dans d'autres pièces, Favart revient sur cette question du droit de chasse, sur ce privilége si restreint alors, et qui comptait parmi les plus dures oppressions féodales. Il parle des chasses à courre, des meutes, des piqueurs, des équipages ravageant quarante arpents, pour le plaisir de prendre un lièvre (*Ninette à la Cour*). Marmontel dénonça également l'abus. « Tu chassais, dit-on à Silvain, que les gardes viennent de prendre le fusil à la main ; et de quel droit ? »

> Du droit de la nature,
> Qui ne veut pas que nos moissons,
> Ces fruits d'une lente culture,
> Soient impunément la pâture
> Des animaux que nous chassons.

En effet, l'ancien seigneur avait permis à chacun de défendre ainsi sa récolte ; nulle liberté ne devait être plus précieuse au cœur des paysans. On sait qu'en 1789, une fois émancipés, leur premier soin fut de courir aux colombiers, aux garennes, de traquer et de détruire le gibier, moins par plaisir que par intérêt, et parce que le campagnard se croit légitime propriétaire de tout ce que produit le terrain qu'il cultive.

En représentant ainsi la vie paisible et bienfaisante du seigneur campagnard au milieu de vassaux qui le chérissent, les auteurs que nous venons d'entendre adressaient à l'aristocratie le plus utile conseil. Ne semblaient-ils pas lui dire : « Quittez la Cour, afin de retrouver vos vertus premières. Au lieu d'épuiser les campagnes qui, chaque année, paient à Paris vos folles dépenses, appliquez-vous à répandre autour de vous l'abondance par le travail. Retournez habiter l'ancien château de famille, si longtemps négligé, et qui tombe en ruines. Vivez au milieu des paysans; faites-vous connaître d'eux, faites-vous aimer; renoncez à la rigueur de vos droits despotiques, et peut-être on vous pardonnera vos priviléges. »

Ainsi la morale, et même la politique, pénétraient jusqu'à l'opéra. Ce genre léger entre tous contribua, pour une certaine part, à l'accomplissement de la tâche commune.

CHAPITRE VII

L'HOMME DE LETTRES. — PALISSOT.

Lorsqu'ils relevaient ainsi toutes les professions, et célébraient à l'envi tous les services rendus à la société, les écrivains ne pouvaient s'oublier eux-mêmes ; quelquefois ils rappelèrent sur la scène le bien que fait à l'humanité le philosophe s'appliquant à répandre autour de lui la lumière. Cependant, ils ne vantèrent pas trop haut leurs propres mérites, ne croyant pas avoir besoin d'une réhabilitation en règles.

En effet, tandis que l'exercice de certains métiers, quelles que fussent d'ailleurs les qualités de la personne, semblait entraîner après lui une bassesse innée, incurable, l'homme de lettres était jugé d'après ses mérites individuels, et comptait encore parmi les mieux partagés dans cette ancienne société si amoureuse des choses de l'esprit. Ce n'est pas que les ombres manquent au tableau. Les faveurs et les pensions de la cour, la familiarité des grands, les hommages de la bonne compagnie, n'empêchaient pas toujours les persécutions, la prison, l'exil, et même les coups de bâton, si fréquemment appliqués sur certaines épaules, que le récit de ces exécutions humiliantes pourrait faire comme un chapitre à part de notre histoire littéraire. Ce qu'Esope a dit de la langue, on le pensait des livres, considérés à la fois comme ce qu'il y a de meilleur et de plus mauvais en ce monde. On aimait l'esprit et on le redoutait en même temps : de là résultait dans la condition des écrivains un perpétuel contraste, ou, pour parler comme Pascal, un mélange de misère et de grandeur, qui n'est nulle part plus manifeste que dans la vie si agitée de Voltaire.

Plus la philosophie se montra menaçante, avide de diriger et de réformer l'État, plus elle devait inspirer de sentiments contraires. Aux yeux des uns, les gens de lettres furent les guides et les représentants autorisés de l'opinion, accomplissant un devoir civique, et les vrais apôtres de la régénération universelle : les autres envisagèrent avec effroi un travail de démoralisation, de bouleversement et de ruine. Pour les auteurs ainsi attaqués, la meilleure réponse était de vaincre ; en propageant leurs doctrines, ils comptaient venger et relever leurs personnes. Toutefois, ils ne dédaignèrent pas de répliquer par un mot à l'occasion.

Ainsi faisait Voltaire dans le *Droit du Seigneur :* « Ce nom tant combattu (celui de philosophe), que veut il dire? Amour de la vertu. » Un autre [1], insistant davantage sur la mission civilisatrice de l'écrivain moderne, mettait sur la même ligne, pour le dévouement et l'héroïsme, « le soldat qui monte sur la brèche, le médecin qui affronte l'air contagieux des hôpitaux, le savant naturaliste qui traverse les mers, et l'homme de lettres qui, pour soutenir les droits de l'humanité, risque sa liberté et son repos. »

Cette philosophie bienfaisante fut même représentée quelquefois, non sous les traits d'un personnage factice, abstrait, imaginaire, mais sous un nom à peine déguisé, qui permettait aisément de reconnaître un des plus célèbres écrivains du siècle.

Montesquieu n'avait pas excité, comme Rousseau et Voltaire, d'ardentes inimitiés. Nul ne devait protester contre un hommage public rendu à sa mémoire, et un épisode bien connu de sa vie fournissait aux auteurs dramatiques la matière de quelques scènes touchantes. A cette époque, la comédie, sentant son ancien domaine épuisé, cherchait partout des sujets nouveaux ; une anecdote inspirait toute une pièce, et les données les plus romanesques paraissaient les meilleures. Le théâtre avait cessé de rire : on croyait l'exemple de la vertu plus utile aux hommes que la peinture du vice ridicule.

---

[1] MERCIER. *Le Juge*, Acte II, Scène 10.

Dans ses fréquents voyages, Montesquieu s'arrêta plusieurs fois à Marseille. Un jour, il crut remarquer chez un jeune batelier qui le conduisait un langage et des manières au-dessus de sa condition, ainsi qu'une tristesse contenue qui trahissait un grand malheur. Il l'interrogea avec bonté, et apprit que le père du jeune homme, fait prisonnier par les corsaires barbaresques, était esclave à Tetuan : sa famille, autrefois riche et heureuse, travaillait pour le racheter. Le philosophe, sans révéler son nom, faisant même tous ses efforts pour rester inconnu, donna la somme nécessaire, et rendit ce père à ses enfants. Il suffisait d'imaginer quelques nouveaux détails pour faire de cette simple histoire une comédie sentimentale. Plusieurs s'y essayèrent.

Mme de Montesson, qui tenait à la Chaussée-d'Antin la cour du duc d'Orléans, et dirigeait les spectacles du prince, composa sur ce sujet *Robertia*, qui fut jouée en société.

Plus tard vint une comédie de Mercier, *Montesquieu à Marseille*. Mercier, nous l'avons dit, se contentait souvent d'être lu. Sans prendre la peine de changer le nom du héros de l'aventure, il parla politique autant que bienfaisance, et dans plusieurs scènes très-longues, véritables dialogues philosophiques intercalés au milieu de l'action, disserta à son aise sur les bienfaits du commerce, la liberté de penser, la sottise ou la mauvaise foi des critiques suscitées par l'*Esprit des Lois*, sur la constitution anglaise, l'esprit nouveau, les droits du citoyen, etc.

Le même année (1784), le *Bienfait anonyme* [1] était joué à la Comédie-Française, puis à la cour, et dédié à la ville de Bordeaux. Le principal personnage, facile à reconnaître, s'appelait ici M. de Saint-Estieu, et, bien que la politique eût encore une certaine place dans cet ouvrage, il était moins question de ses idées que de ses vertus. Le nom vénéré du héros de la pièce assura le succès ; le marquis de Secondat, se trouvant à Paris lors des représentations, reçut une députation des comédiens qui l'invitaient à venir prendre sa part des éloges décernés à la mémoire de son père [2].

Comme réponse à cette glorification des philosophes, nous devons rappeler de quelles attaques ils furent un moment l'objet sur cette scène où ils semblaient régner en maîtres. Par quelques diatribes violentes, Palissot a su rendre son nom inséparable de celui de Jean-Jacques, comme Fréron de celui de Voltaire. Il prit également à partie les plus célèbres encyclopédistes ; mais, en homme avisé, il se garda bien de provoquer l'impitoyable

---

[1] Par M. Pilhes, de Tarascon en Foix.

[2] On aimait à faire paraître ainsi les contemporains sur la scène. Vers la même époque, Beaumarchais se rendait à Lyon pour assister à la représentation d'un drame composé en son honneur : les anagrammes Norac et Javolci ne cachaient à personne les noms véritables, Caron et Clavijo. Le sujet était une aventure réelle et que l'auteur des *Mémoires* avait lui-même racontée : son voyage en Espagne pour venger sa sœur séduite. Mais autant il est naturel que le fils d'un grand homme entende avec plaisir l'éloge de son père, autant il semble déplacé que Beaumarchais consacre par sa présence le récit des malheurs de sa famille et des faiblesses de sa sœur. C'est payer trop cher les applaudissements.

railleur qui couvrait Desfontaines et Pompignan d'un si cruel ridicule. Au contraire, Palissot envoyait à Ferney ses ouvrages, et cherchait à exploiter l'inimitié naturelle du maître contre le citoyen de Genève, sans prendre au sérieux les conseils de modération qu'il recevait en retour. Il fut toujours le courtisan de Voltaire, publia même dans la suite une édition de ses œuvres, et loua sans réserves tant de pages dont un croyant n'aurait parlé qu'avec horreur. Il est donc assez difficile de le considérer comme un défenseur convaincu de la religion menacée. S'il eût été sincère, aurait-il fait un choix parmi les ennemis, aurait-il réfléchi au danger, et grossièrement injurié le déiste fervent pour ne flatter que le sceptique ? On est forcé d'attribuer sa conduite à d'autres motifs.

Le fameux discours de Rousseau sur le sujet proposé par l'Académie de Dijon souleva, comme on sait, une foule de protestations; les défenseurs des lettres le réfutèrent à l'envi. Rousseau prit la plume pour leur répliquer, et en malmena quelques-uns qu'il n'avait pas à ménager. Mais parmi ses adversaires se trouva le roi Stanislas en personne. « L'honneur qu'il me fit, raconte l'auteur des *Confessions*, me força de changer de ton pour lui répondre; j'en pris un plus grave, mais non moins fort; et, sans manquer de respect à l'auteur, je réfutai pleinement l'ouvrage... Je saisis l'occasion qui m'était offerte d'apprendre au public comment un particulier pouvait défendre la cause de la vérité contre un souverain même. Il est difficile de prendre en même temps un ton plus fier et plus respectueux que celui que je pris pour lui répondre. J'avais le bonheur d'avoir affaire à un adversaire pour lequel mon cœur plein d'estime pouvait, sans adulation, la lui témoigner ; c'est ce que je fis avec assez de succès, mais toujours avec dignité. Mes amis, effrayés pour moi, croyaient déjà me voir à la Bastille. Je n'eus pas cette crainte un seul moment, et j'eus raison. Ce bon prince, après avoir lu ma réponse, dit : J'ai mon compte, et je ne m'y frotte plus. »

Palissot supposa que cette apparente bonhomie du prince cachait une secrète rancune. Il crut faire sa cour en insérant dans la comédie du *Cercle*, qui fut jouée à Nancy en 1755, de blessantes personnalités. Il se trompait. L'indignation du public fut à peine contenue par la présence de Stanislas, et le comte de Tressan, grand maréchal des logis du roi de Pologne, fut chargé d'écrire à Rousseau, et à d'Alembert également attaqué, pour annoncer que l'intention de Sa Majesté était que le sieur Palissot fût chassé de son Académie. « Ma réponse, est-il dit dans les *Confessions*, fut une vive prière à M. de Tressan d'intercéder auprès du roi de Pologne pour obtenir la grâce du sieur Palissot. La grâce fut accordée, et M. de Tressan, en me le marquant au nom du roi, ajouta que ce fait serait inscrit sur les registres de l'Académie. Je répliquai que c'était moins accorder une grâce que perpétuer un châtiment. Enfin, j'obtins, à force d'instances, qu'il ne serait fait mention de rien dans les registres, et qu'il ne resterait aucune trace publique de cette affaire. »

Cette intervention généreuse de l'homme qu'il avait outragé sans motif aurait dû désarmer Palissot ; elle l'irrita ; rien ne pèse à certaines âmes comme un bienfait. Les *Petites lettres sur les grands philosophes* continuèrent la querelle. Dès lors, le ministère savait à qui s'adresser le jour où il voudrait faire bafouer en plein théâtre les écrivains dangereux. Palissot était pour ce métier l'homme désigné. C'est à la demande du duc de Choiseul qu'il composa sa fameuse comédie des *Philosophes* (1760).

Rien de plus légitime que la critique et la discussion des idées ; mais cette discussion est ici peu de chose, si on la sépare des insinuations odieuses contre les personnes. Avouons toutefois qu'elle ne manque à certains moments ni de portée ni d'esprit. Ainsi, un valet prie son maître de ne plus prendre avec lui de ces tons trop familiers : « Je suis, quoique Frontin, votre égal. » Prétention très-naturelle, dont la forme seule est risible. Plus loin, ce même Frontin entend proclamer par Valère la morale nouvelle :

> L'homme est toujours conduit par l'attrait du bonheur,
> C'est dans ses passions qu'il en trouve la source...
> Il n'est qu'un seul ressort, l'intérêt personnel ;
> A tous nos sentiments c'est lui seul qui préside ;
> C'est lui qui, dans nos choix, nous éclaire et nous guide.

Libre de préjugés, mais docile à sa voix,
Le sauvage attentif le suit au fond des bois ;
L'homme civilisé reconnaît son empire.
Il commande en un mot à tout ce qui respire.

La conclusion pratique de cette belle leçon ne se fait pas attendre ; en vertu de ce principe caché qui doit inspirer toutes nos actions, le disciple s'empresse de fouiller dans les poches du philosophe. Quand nous aurons cité deux autres traits de satire, le reproche d'avoir fait de crédule l'équivalent de sot, et celui de tout détruire sans savoir élever, nous aurons épuisé tout ce qui appartient à la critique honnête et permise. Le reste est du pamphlet.

Cydalise, une veuve, nouvelle femme savante, s'est donnée depuis peu à la littérature ; elle raffole de l'Encyclopédie, et compose un livre destiné à faire grand bruit ; elle y traite de tout en abrégé,

De l'esprit, du bon sens,
Des passions, des lois et des gouvernements ;
De la vertu, des mœurs, des climats, des usages,
Des peuples policés, et des peuples sauvages,
Du désordre apparent, de l'ordre universel,
Du bonheur idéal et du bonheur réel.

En un mot, les philosophes lui ont tourné la tête. Charlatans adroits et flatteurs agréables, de ceux que l'on voit sur des tréteaux ameuter les passants, Valère, Marfurius et Théophraste se sont introduits chez elle, pour bouleverser sa maison, où ils prétendent régner. Il y a en eux non-seulement du

Vadius et du Trissotin, mais du Tartuffe; et, nouvelle ressemblance avec les pédants de Molière, un froissement de vanité amène entre eux une querelle; mais ces fourbes qui se détestent profitent pour s'injurier du moment où ils sont seuls. En public ils reprendront leurs rôles et continueront à intriguer de concert. Ils se réconcilient sur ce mot cynique :

> Il n'est pas question, Messieurs, de s'estimer,
> Nous nous connaissons tous; mais du moins la prudence,
> Veut que de l'amitié nous gardions l'apparence.

Leur plan est de faire épouser à l'un d'eux une riche héritière, la fille de la maison; il faut, pour en délivrer Cydalise, qu'un billet surpris dévoile toute leur bassesse et leur perversité. Ainsi, aux yeux de Palissot, les philosophes ne sont que de misérables aventuriers, dissimulant sous une phraséologie prétentieuse les doctrines les plus viles, enseignant aux hommes et pratiquant eux-mêmes l'insensibilité, l'égoïsme, le mépris de tous les devoirs envers la société ou la patrie. A l'origine, la pièce se terminait par ces deux vers qui disent tout :

> Enfin, tout philosophe est banni de céans,
> Et nous ne vivons plus qu'avec d'honnêtes gens.

Ceci n'est rien encore; quelques philosophes se voyaient individuellement flétris, et désignés au mépris public. Rousseau, sans insister davantage sur cette pièce, dit qu'il fut simplement tourné en ridicule, et Diderot extrêmement maltraité. Rousseau fut-il aussi ménagé qu'il le prétend ?

Peu lui importait, sans doute, d'entendre dire que le secret de ses succès auprès du public était de lui adresser des injures ; ce n'était là qu'un trait de satire. Retiré à l'Ermitage, et fuyant comme Alceste la société des hommes, il pouvait rire en se reconnaissant dans ces vers :

> Ah ! qu'il m'a fait de tort en fuyant les honneurs
> Pour vivre dans les bois ! Je lui dois la justice
> Qu'il ne connut jamais la brigue, l'artifice.
> De sa philosophie il était entêté,
> Au fond plein de droiture et de sincérité,
> Animal à la fois misanthrope et cynique,
> C'était peut-être un fou, mais d'une espèce unique.

A la rigueur, l'éloge faisait passer la critique. Mais dans la dernière scène (il dit n'avoir pas lu la pièce en entier), la plaisanterie devenait plus blessante. Crispin, soi-disant philosophe, arrivait à quatre pattes sur le théâtre en prononçant ces paroles :

> Je ne me règle plus sur les opinions,
> Et c'est là l'heureux fruit de mes réflexions.
> Pour la philosophie un goût à qui tout cède
> M'a fait choisir exprès l'état de quadrupède :
> Sur ces quatre piliers mon corps se soutient mieux,
> Et je vois moins de sots qui me blessent les yeux.

Puis, tirant de sa poche une laitue, il la mangeait, ou, si l'on veut, la broutait avec délices, et ajoutait :

> En nous civilisant, nous avons tout perdu,
> La santé, le bonheur, et même la vertu.

> Je me renferme donc dans la vie animale ;
> Vous voyez ma cuisine ; elle est simple et frugale.

Si disposé que l'on soit à braver l'opinion, il est dur de se voir ainsi exposé aux huées du parterre. Il est plus dur encore de s'entendre rappeler ses fautes ; une allusion aux prétendus sages qui chérissent tout l'univers, excepté leurs enfants, tombait comme un reproche cruel, quoique mérité, sur le père qui avait mis les siens à l'hôpital.

Ces méchancetés soulevèrent de tels murmures, qu'il fallut les adoucir pour la seconde représentation, notamment l'entrée en scène de Crispin quadrupède ; mais l'attrait du scandale, l'audace inouïe de cette caricature attirèrent longtemps le public. Bientôt les philosophes furent en partie vengés, sinon de Palissot, au moins d'un autre adversaire et critique acharné. Voltaire profita de l'exemple donné pour faire jouer sa comédie de l'*Ecossaise*, et quelques semaines après Diderot et Jean-Jacques, Fréron à son tour était mis au pilori. On dut croire que les personnalités injurieuses, les calomnies allaient envahir la scène, et que, poussés par une haine furieuse, *odium philosophicum*, les gens de lettres se déchireraient entre eux. Mais tout rentra dans l'ordre. L'abbé Morellet, ayant voulu dans une brochure prendre la défense de Diderot, fut mis à la Bastille. Il paya pour tout le monde.

En 1770, Palissot reprit la lutte, et écrivit encore une comédie ; mais quelques années avaient tout changé. La philosophie, maîtresse de l'opinion, commençait à se faire respecter même du pouvoir. Le lieutenant de police, M. de Sartines, consulta les écrivains intéressés, pour savoir s'il devait autoriser la représentation de l'*Homme dangereux*. On devine la réponse : Diderot se chargea d'écrire au magistrat. Après avoir montré les philosophes honorés dans toute l'Europe, « ils ne sont rien aujourd'hui, ajoutait-il, mais ils auront leur tour. On parlera d'eux, on fera l'histoire des persécutions qu'ils ont essuyées, de la manière indigne et plate dont ils ont été traités sur les théâtres publics, et si l'on vous nomme dans cette histoire, comme il n'en faut pas douter, il faut que ce soit avec éloge. »

En conséquence l'*Homme dangereux* attendit douze ans sa représentation; lorsqu'à la même époque on reprit les philosophes, le public fut choqué de cette satire venimeuse, qui ne frappait plus que sur des morts.

Cette tentative de Palissot rappelait l'ancienne comédie athénienne. Le nom d'Aristophane fut souvent jeté à l'auteur moderne comme une injure.[1] En réalité, les philosophes le flattaient et se flattaient eux-mêmes. Si Diderot et Rousseau ne rappellent pas le divin Socrate, le pamphlétaire payé pour les flétrir ressemble encore moins au poète des Nuées. Rien n'est commun entre eux que l'injustice.

---

[1] *Mémoires de Bachaumont*. — Sauvigny, dans sa *Mort de Socrate* (1763), désignait clairement Palissot sous le nom du poète grec.

CONCLUSION

La date de 1789 marque la limite naturelle de cette étude : les dernières années du siècle forment une époque nouvelle et comme un siècle à part.

La littérature est alors bouleversée comme la société ; le temps n'est plus aux travaux paisibles de l'esprit ; on ne parle, on n'écrit plus que pour combattre. Les luttes oratoires des assemblées ou des clubs, les improvisations fiévreuses du journaliste, les pamphlets, les motions, les rapports, les décrets, les pétitions, remplacent les utopies et les systèmes. On est passé de la théorie à l'action.

Le théâtre n'est pas moins transformé. Aux yeux des spectateurs, le mérite littéraire, l'intérêt dramatique ne sont plus rien. La passion politique est tout. C'est avec ce parti-pris qu'on écoute les œuvres anciennes ; chaque mot devient une allusion. En vertu d'analogies imaginaires, et d'après ce que permettent de supposer leur caractère ou leurs actions, les personnages de l'histoire sont classés parmi les aristocrates ou les patriotes, parmi les Feuillants, les Cordeliers, les Girondins ou les

Montagnards. Selon que les vers de Corneille, de Crébillon, de Voltaire s'accordent ou non avec la pensée du jour, l'acteur, qui n'en peut mais, est accueilli par des huées, ou acclamé comme un orateur des réunions populaires.

Ces sentiments inspirent presque toutes les pièces nouvelles. Les auteurs se sentent libres ; ils en abusent. Plus de lieutenant de police, plus de censeurs ou de parlement. Malgré tous ses défauts, sévérités déplacées ou injustices, cette étroite surveillance administrative avait au moins un mérite. Impuissante à réprimer l'essor des idées, elle rendait jusqu'à un certain point service aux auteurs en les obligeant à la mesure, à la finesse, à la convenance. La crainte leur tenait lieu du goût, qu'ils n'avaient pas toujours. Il y a mieux qu'une boutade paradoxale dans le mot de l'abbé Galiáni, définissant le style parfait ou sublime « l'art de tout dire sans être mis à la Bastille. » Une fois la Bastille renversée, quel scrupule pouvait retenir les écrivains qu'encourageait le public et qu'entraînait leur propre fougue ? Ils n'étaient pas mûrs pour cette liberté imprévue. Dans les œuvres les plus sérieuses, où se manifestait encore le sentiment de l'art, on vit reparaître avec plus d'exagération, avec un caractère plus déclamatoire et plus brutal encore, les défauts déjà saillants avant cette époque ; et dans celles où les auteurs songeaient moins à se respecter, l'absence de toute règle permit d'introduire les fantaisies les plus bizarres, les sentiments les plus outrés, parfois même la langue de l'*Ami du Peuple* ou du *Père Duchêne*.

Le théâtre révolutionnaire forme dans notre histoire dramatique une période bien distincte : on y trouverait, non plus l'expression relativement modérée des idées, mais l'écho des haines, des calomnies des partis, le contre-coup des orages et des convulsions de chaque jour.

Nous savons maintenant quel fut le caractère militant du théâtre pendant cette période qui s'écoule de 1715 à 1789, et qui forme, à proprement parler, le dix-huitième siècle littéraire. Il reste à jeter un coup d'œil sur le chemin parcouru.

Tout dire eût été chose impossible et fastidieuse. Bien des pièces ont été volontairement omises; nous ne pouvions qu'indiquer dans chaque genre les principales, celles que le nom de l'auteur, le succès, l'originalité, semblaient désigner à l'attention. Les autres ne firent que répéter avec moins de force et de talent les mêmes maximes. Elles tombèrent promptement dans l'oubli. Etait-il bien utile de les exhumer ?

Il nous a fallu également choisir entre les idées; la matière était trop vaste. Les auteurs dramatiques partageaient l'ardeur inquiète et généreuse des philosophes. Ils voulaient comme eux soulever tous les problèmes, signaler tous les abus, proposer toutes les réformes. L'un[1] déplorait les rigueurs de la procédure criminelle, cet autre flétrissait la cruauté des représailles en temps de guerre[2]; ceux-ci voulaient enlever au père de famille son autorité absolue, celui-là recommandait l'allaitement maternel[4]. Toutes ces questions nous eussent entraînés trop loin. Nous avons dû nous limiter à l'étude des idées politiques.

Liberté, tolérance, philanthropie, égalité, tels sont les grands principes qui se dégagent de toutes les œuvres dont nous avons parlé. On ne se contente pas d'exposer paisiblement les idées ; à l'enseignement théorique se joignent les attaques les plus violentes contre les puissances considérées comme ennemies, et que la Révolution devait en effet amoindrir. Chaque genre a, comme nous l'avons vu, une tâche différente à remplir. La tragédie se réserve les rois et les prêtres : la comédie raille les vices des grands, relève le Tiers-Etat. Le drame,

---

[1] Blin de Sainmore. *Joachim ou le Triomphe de la piété filiale*.
[2] *Abdir*, drame en 4 actes, par Sauvigny.
[3] Diderot. *Le Père de Famille*. — Pièyre. *L'École des Pères*, etc.
[4] *La Vraie Mère*, drame en 3 actes, par de Moissy.
Grimm s'amuse de cette œuvre bizarre. On lit dans sa correspondance (avril 1771) la *Vraie Mère*, drame didacti-comique en trois actes et en prose. Les acteurs sont : la femme d'un négociant, accouchée depuis 7 mois et nourrissant son enfant; la femme d'un employé dans les fermes, enceinte et presque à terme ; la femme d'un marchand de draps, relevée de couche, depuis 9 mois 1/2; et puis les maris de tout cela, et puis les enfants de 7 et 9 mois, et puis la nourrice, et puis la sage-femme, et puis la garde de femmes en couches, et puis c'est M. de Moissy qui accouche de toutes ces bêtises !...»

bien digne du nom de tragédie bourgeoise sous lequel il s'était présenté d'abord, voit partout des vertus ; ses héros préférés sont des commerçants, des financiers, des artisans, ces petites gens dont on avait ri jusqu'alors. Enfin, l'opéra-comique a pour personnages favoris des paysans. Les diverses classes de la nation sont ainsi introduites sur la scène ; les unes montent, les autres descendent ; toutes se trouveront à la fin rapprochées.

Cet effort fut si régulier, qu'il semblait concerté. On doit en effet remarquer chez ces écrivains, outre la conformité d'idées, l'union, la solidarité, presque la discipline, qui sont chose nouvelle. Sans doute, bien des froissements et des jalousies se produisent encore, mais sans nuire à l'entreprise commune. Isolés et pour ainsi dire ennemis tant que chacun travaillait pour sa seule gloire, les gens de lettres se sont resserrés et groupés, en vue du combat, autour des bannières de l'Encyclopédie. Cette alliance dut rendre le succès plus certain, effrayer et déconcerter les adversaires, dont quelques uns étaient convaincus de l'existence d'une vaste conspiration littéraire.

« Ce qu'il y a de plaisant, raconte Grimm après la représentation du *Silvain* de Marmontel, mis en musique par Grétry, c'est qu'on est intimement persuadé à la Cour et dans le grand monde que de pareils sujets sont traités à dessein par les philosophes pour répandre leurs opinions dangereuses sur l'égalité de tous les hommes, sur le préjugé de la naissance, et que *Silvain*, par exemple, a été composé en vertu d'une délibération prise par tout le corps des Encyclopédistes, de faire prêcher à la Comédie Italienne, pendant le carême de 1770, par le Révérend Père Caillot (le ténor), et par notre chère sœur en Dieu, Laruette, le sermon de la chimère des naissances illustres et la doctrine abominable de la liberté de la chasse. »

Grimm s'amuse : assurément le corps encyclopédique n'avait pas été convoqué. On pouvait fort bien s'entendre sans cela. Mais c'était bien en effet une prédication véritable, qui ne se limitait ni au carême, ni au théâtre de la Comédie Italienne.

Le public était complice des auteurs ; il devinait toutes les allusions ; il en faisait lui-même. « Taisez-vous », dit un personnage de comédie. Rien de plus innocent à coup sûr. Mais c'est avec cette réponse un peu sèche que le roi venait de recevoir (juillet 1732) les magistrats chargés de lui présenter les humbles remontrances du Parlement de Paris. Les applaudissements ironiques de la salle rendirent ce *taisez-vous* séditieux. Tout incident nouveau de cette longue lutte des Parlements ou de l'opinion contre la cour trouvait ainsi un écho. Un jour, la nouvelle se répand de l'exil du maréchal de Broglie, ennemi des ministres, et par conséquent populaire. On jouait *Tancrède*. Parmi les spectateurs, Mlle Clairon aperçoit au balcon le poète Desforges, dont l'affection pour le maréchal était bien connue.

C'est vers lui qu'elle se tourne pour déclamer ces vers :

> On dépouille Tancrède, on l'exile, on l'outrage ;
> C'est le sort d'un héros d'être persécuté.

Desforges se met à sangloter, et le public applaudit au point d'interrompre le spectacle. Mais quand l'actrice en vint à dire :

> Tout son parti se tait, quel sera son appui ?

« Sa gloire », répond le poète qui s'est brusquement levé, et devance la réplique. Tous les spectateurs répétèrent ce mot ; il fallut interdire la pièce. Plus tard encore, c'était Necker qui venait de quitter le ministère, chassé par les intrigues des privilégiés que soutenait la reine. Le jour de sa disgrâce, on jouait par hasard la *Partie de Chasse de Henri IV*, bonne fortune pour ceux qui avaient vu dans le directeur général des finances un second Sully ! Aussi, lorsque le Béarnais, réconcilié avec son fidèle ministre, accuse les courtisans, leurs manéges perfides, leurs calomnies, et s'écrie : « Les malheureux ! ils m'ont trompé ! » Oui ! oui ! s'écrièrent mille voix, et chaque mot de la pièce fut le signal d'une pareille protestation.

Cette disposition du public encourageait toutes les hardiesses ; il savait à merveille reconnaître derrière des personnages étrangers ou des événements anciens les personnages et les événements du jour.

Œdipe est le premier ouvrage de Voltaire. La forme dramatique est celle que revêtent pour la première fois les idées qui rempliront la *Henriade*, les *Lettres Anglaises*, l'*Essai sur les Mœurs*, et tant d'autres ouvrages sérieux ou légers. C'est donc la tragédie qui donne le signal et l'exemple de cette révolte des esprits. Mais, si nous exceptons Voltaire, les autres poètes s'inspirent des ouvrages philosophiques déjà écrits, plutôt qu'ils ne devancent l'opinion. Leur rôle est simplement celui de la Renommée aux cent bouches, aux pieds agiles, aux ailes rapides, et leur doctrine se propage avec autant de force que si elle était transmise par la Déesse de Virgile.

> Parva metu primo, mox sese attollit in auras,
> Ingrediturque solo, et caput inter nubila condit.

D'abord l'attaque est brusque et violente. Le *libertinage* longtemps contenu a fait explosion sous la Régence. *Œdipe* dans un genre, *Arlequin sauvage* dans un autre, sont l'énergique expression de cette tendance nouvelle. *Brutus* et *Mahomet* vont bientôt paraître, et ces deux œuvres égalent en hardiesse tout ce qui s'est dit depuis ; l'auteur n'aura plus qu'à se répéter désormais. Avec lui, dès le début, la lutte est donc poussée à l'extrême ; la philosophie a déjà toutes les audaces. Mais les imitateurs sont plus réservés. Pendant longtemps ils se contentent de reproduire ses maximes sur les rois, de mettre en vers *Télémaque :* on pouvait le faire sans danger. Quelques tirades isolées leur suffisent pour exprimer ces idées déjà banales. Nous ne voyons pas encore la philosophie pénétrer tout un ouvrage dont elle dessine le plan, dont elle détermine le caractère. Enfin, à cette première époque, Voltaire est le seul qui se déclare incrédule.

De même pour la comédie. Elle avait d'abord osé tout dire en riant ; bientôt après elle baisse la voix. Delisle a de bien timides successeurs, La Chaussée, d'Allainval, Marivaux ; il semble qu'on ait reculé avec eux. Beaucoup d'écrivains restent neutres : Piron, Destouches entre autres. A part ces deux noms, Voltaire et Delisle, on peut dire que dans les premiers temps la propagande est encore faible, discrète, presque hésitante.

Avec l'année 1749 ou 1750 commence dans l'histoire de cette époque une période nouvelle. Jusqu'alors Louis XV a régné sans gloire, mais du moins sans honte ; le bien et le mal s'équilibrent encore ; bientôt vont venir les désastres et les fautes irréparables. Mais c'est surtout pour la philosophie que ces années furent regardées par les contemporains eux-mêmes comme le point culminant du siècle. Les noms les plus célèbres s'y trouvent réunis en pleine lumière. La renommée de Voltaire est déjà sans égale ; il va partir pour Berlin (1750). Montesquieu a publié l'*Esprit des Lois* (1749). Buffon a donné les premiers volumes de sa majestueuse étude de la nature (1749). Rousseau se révélera dans quelques mois, et l'œuvre immense de l'Encyclopédie va commencer (1750). Tout le siècle est là, dans ces quelques noms. Dès lors on signale « une fermentation de raison universelle. » L'esprit français avait mûri en effet. Une génération plus jeune envahit le théâtre ; elle rivalise de témérité, sinon de talent, avec Voltaire. A ne considérer que l'ardeur belliqueuse, ces nouveau-venus laissent bien loin derrière eux leurs devanciers. Il suffit, pour nous en convaincre, de comparer Lamotte et Crébillon à Lemierre, Saurin ou Laharpe, d'Allainval à Sedaine, et surtout La Chaussée ou Gresset à Beaumarchais. Figaro termine avec éclat cette série d'ouvrages toujours plus passionnés, plus agressifs. Son impunité nous étonne ; elle ne peut s'expliquer que par la faiblesse d'un pouvoir qui s'abandonnait lui-même, et par l'audace que développait dans les esprits l'approche de la Révolution.

Les contemporains n'avaient pas la liberté d'esprit nécessaire pour apprécier ces productions. Ils considéraient moins le mérite réel d'un ouvrage que sa portée philosophique. Ils pardonnaient à la forme en faveur de l'idée ; souvent même, ils admiraient, comme autant de qualités, des défauts qui nous semblent choquants aujourd'hui. Nous ne parlerons pas des faiblesses de la langue poétique, alors si terne, si sèche, si vague, si chargée de périphrases, ou de cette monotonie, de cette pauvreté d'invention, qu'entraînait l'observation trop rigoureuse des règles. Ces défauts étaient ceux de toute la poésie du temps. Mais d'autres, plus graves encore, et qu'il nous reste à indiquer ici, étaient dus à l'invasion de l'esprit philosophique.

S'il est un genre où l'auteur soit tenu de s'effacer, de disparaître entièrement, c'est le genre dramatique. Pas un mot, pas un signe ne doit avertir de sa présence, ou l'illusion s'évanouit, comme si l'on entendait au milieu du dialogue la voix du souffleur, comme si un personnage étranger à l'action se laissait voir, mal caché derrière un fragment de décor. On raconte qu'à l'une des premières représentations d'*Œdipe*, Voltaire prit place parmi les figurants, et se montra sur la scène portant la queue du grand-prêtre. Il n'était pas encore connu. Les spectateurs se demandaient, surpris, « quel est donc ce jeune homme qui veut faire tomber la pièce ? » le poète qui veut parler en son nom, au lieu de prêter à chacun le langage qui lui convient, commet la même imprudence.

L'anachronisme est partout sensible. De tous les auteurs du temps, Voltaire est celui qui a le plus respecté l'histoire, les jours où il voulait être vrai. Lorsque la passion ne l'entraînait pas à fausser les événements ou les caractères, il composait la *Mort de César*, ou bien, tout transporté par la lecture des Catilinaires, il refaisait *Rome sauvée* pour apprendre à Crébillon et à ses admirateurs ce que c'était que Cicéron. Un moment après, il tombait lui-même dans la faute qu'il reprochait à autrui. L'incrédulité raisonnée d'Œdipe, l'indifférence religieuse de Zaïre, la scélératesse hypocrite de Mahomet, les soupirs de Gengis, les raisonnements d'Idamé, et plus encore les situations forcées des dernières tragédies, l'abdication imprévue d'Argide au dernier acte d'*Agathocle*, tous ces détails que nous jugeons déplacés, invraisemblables, devaient paraître tels à l'auteur lui-même ; mais il sacrifiait l'avenir au présent, et l'art à la philosophie.

Ce parti pris est, comme toujours, exagéré par les imitateurs, qui n'ont pas de goût pour tempérer l'excès, ou d'habileté pour le dissimuler. Clovis, Mahomet II[1], deviennent des princes philanthropes et débonnaires, Sésostris regrette sa gloire, et Guillaume Tell cite l'*Esprit des Lois*. Les maximes les plus hardies, les théories les plus rares, encore ignorées en France, sont débitées sans effort, et comme des idées courantes, par des personnages anciens ou barbares.

Ceci n'est rien encore. On peut pardonner aux poètes, aux artistes, à tous ceux qui font œuvre d'imagination, de négliger plus ou moins la vérité historique, s'ils observent la grande et éternelle vérité de la nature humaine. L'anachronisme ne dénature que l'extérieur, ou, si l'on veut, le *costume* des personnages. Trop insister sur ce défaut chez un auteur tragique, serait aussi injuste que de contester dans un tableau de Raphaël ou de Paul Véronèse l'exactitude des vêtements ou des types. Qu'importe

---

[1] Dans une tragédie de La Noue.

à la rigueur ? Que les héros tragiques soient vraiment hommes par le caractère et les passions ; qu'ils sachent nous inspirer la terreur et la pitié ; qu'ils soient grands, pathétiques, admirables, on leur pardonnera de n'être qu'à moitié Romains, à moitié Grecs ou Egyptiens, de mal porter la toge ou la chlamyde. Malheureusement les *mœurs*, comme on disait alors, furent aussi maltraitées que l'histoire.

Un auteur dramatique peut choisir, pour nous imposer ses idées, entre deux moyens bien différents. Le premier qui se présente à l'esprit, le plus simple, le moins savant, est de faire dire coûte que coûte, par un de ses personnages, ce qu'il pense lui-même. Pour cela, quelques vers suffisent : plus ils seront concis et frappés, mieux ils se graveront dans la mémoire ; ensuite l'action dramatique, un moment suspendue, reprendra son cours naturel. La facilité même de ce procédé rend son emploi dangereux. Une ou deux maximes, passe encore. Mais le poète saura-t-il se borner ? une sentence en appellera une autre ; on répliquera : il faudra prouver, disserter ; le dialogue deviendra une lutte oratoire. Un héros est entouré d'ennemis, menacé de mort ; il argumentera au lieu d'agir. Cet autre est malheureux, accablé ; au lieu de s'émouvoir, il raisonnera. De quel droit nous demanderait-il d'être plus attendris que lui-même ? Partout la rhétorique prendra la place de la passion, sans laquelle un drame ne peut intéresser et vivre.

L'autre méthode est plus sûre, mais en même temps plus difficile. Que le poète ne dise pas où il prétend nous mener ; on ne le suivra que mieux. Qu'il nous instruise par des événements et des exemples, non par des mots : que sa philosophie, au lieu d'être contenue en quelques phrases sonores, inspire l'ouvrage entier, et ressorte, comme une conclusion naturelle, du développement des caractères, des péripéties, du dénoûment. Si l'auteur a su nous plaire et nous émouvoir, nous arriverons insensiblement à penser comme lui. Nous subirons sa secrète influence, mais il aura eu le talent de nous faire croire qu'il nous laisse libres et même qu'il n'avait pas cherché à nous convaincre.

Lorsque Sedaine écrivit le *Philosophe sans le savoir*, il voulait défendre contre les préjugés la bourgeoisie et le commerce, mais il plaida le moins possible. Sa comédie est en elle-même fort intéressante; on la lit, on l'applaudit encore. Une seule scène a vieilli, celle qui discute les mérites de la profession de négociant ; si l'ouvrage contenait plusieurs morceaux de ce genre, il serait maintenant oublié. De même, l'auteur de *Zaïre* ne disserte pas pour démontrer qu'un musulman peut être aussi bienfaisant, aussi généreux qu'un chrétien, mais en donnant à Orosmane toutes les qualités chevaleresques, il nous amène à penser ainsi.

Ce procédé paraît préférable. S'il est bien employé, il n'altère en rien le caractère d'une œuvre dramatique ; mais, poussé à l'excès, il a encore ses inconvénients. En premier lieu, la sympathie n'est pas à elle seule une source d'intérêt suffisante. De plus, l'auteur se laissera, comme toujours, entraîner. Qu'il nous fasse aimer un héros persécuté, rien de mieux, mais il voudra en même temps nous faire haïr ses ennemis, ses bourreaux. Les anciens défendaient de rendre un personnage d'épopée ou de tragédie tout à fait odieux ; on oublie ce sage précepte. L'intolérance, le despotisme doivent être détestés ou méprisables : les tyrans, les grands-prêtres de tragédie, peints des couleurs les plus noires, deviendront de véritables monstres. Les anciens poètes excitaient en nous la terreur et la pitié, les nouveaux s'efforcent de nous inspirer la haine ou la sympathie, sentiments qui n'ont rien de tragique.

Les auteurs comiques, au contraire, savent éviter ou atténuer la plupart de ces défauts. Ils n'ont pas à craindre l'anachronisme ; leurs personnages portent le costume du jour ; leurs sujets sont le plus souvent étrangers à l'histoire. Plus de ces phrases sentencieuses, de ces professions de foi déplacées qui interrompent une scène et refroidissent l'intérêt. Un trait d'esprit, un bon mot, une répartie vive et originale donnent du relief, de la gaîté au dialogue, et suffisent pour résumer, sous une forme piquante, la philosophie de l'auteur. Les personnages, au lieu de revêtir un caractère odieux, sont simplement ridicules. L'écrivain peut nous amuser à leurs dépens, satisfaire sur eux toutes ses rancunes, sans violer les règles du genre, et sans cesser pour cela de nous plaire.

Marivaux, Sedaine, Beaumarchais, n'ont pas quitté le théâtre et sont toujours goûtés. Mais Voltaire a vieilli, ses disciples tragiques sont oubliés. Philosophes plus que poètes, ils avaient tout sacrifié, même leurs propres ouvrages, pour assurer le triomphe de leurs idées.

TABLE DES MATIÈRES

Introduction.................................... 1

PREMIÈRE PARTIE

LA TRAGÉDIE. — LIBERTÉ POLITIQUE. — INCRÉDULITÉ. — TOLÉRANCE.

Chapitre I. Maximes sur les rois. Origine de leur autorité. Leurs devoirs.................... 15
— II. Tragédies républicaines. Voltaire, Lemierre, La Harpe............................. 32
— III. Défense de la royauté. De Belloy. Le souverain idéal. Henri IV............... 45
— IV. Le prêtre et la religion dans les tragédies de Voltaire................................. 61
— V. Tragédies imitées de Voltaire. Prêtres du paganisme. Sacrifices humains........ 78
— VI. Prêtres chrétiens. Rôle politique de la religion.................................. 91
— VII. Religion naturelle........................ 109

SECONDE PARTIE

LA COMÉDIE ET LE DRAME. — PHILANTHROPIE. — ÉGALITÉ DES CONDITIONS.

Chapitre I. Optimisme............................ 119
— II. Excellence de la nature humaine. L'homme sauvage............................ 128
— III. L'égalité enseignée par les mariages....... 148
— IV. Attaques dirigées contre la noblesse de cour. Gresset. Beaumarchais.............. 167
— V. Le travail réhabilité. Marchand. Financier.. 190
— VI. Professions diverses. L'homme du peuple. Le paysan et le bon seigneur dans l'opéra-comique............................ 206
— VII. L'homme de lettres. Palissot............. 234
Conclusion 247

Vu et lu
à Paris, en Sorbonne, le 7 juin 1878,
Par le doyen de la Faculté des Lettres de Paris,

H. WALLON.

Vu et permis d'imprimer :

Le Vice-Recteur de l'Académie de Paris,
A. MOURIER.

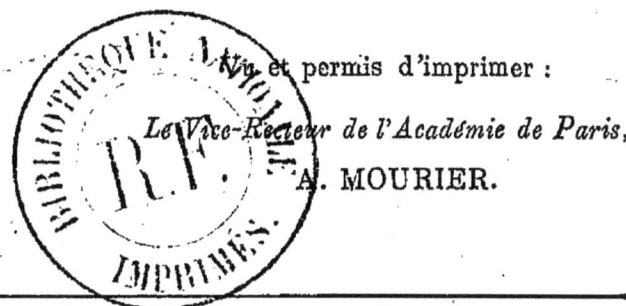

VERSAILLES. — IMPRIMERIE CERF ET FILS, 59, RUE DUPLESSIS.

www.ingramcontent.com/pod-product-compliance
Lightning Source LLC
Chambersburg PA
CBHW070756170426
43200CB00007B/798